1979
부마민주항쟁

천천히읽는책_59

1979 부마민주항쟁

글 차성환

펴낸날 2023년 1월 5일 초판1쇄 | 2023년 9월 15일 초판2쇄
펴낸이 김남호 | 펴낸곳 현북스
출판등록일 2010년 11월 11일 | 제313-2010-333호
주소 07207 서울시 영등포구 양평로 157 투웨니퍼스트밸리 801호
전화 02)3141-7277 | 팩스 02)3141-7278
홈페이지 http://www.hyunbooks.co.kr | 인스타그램 hyunbooks
ISBN 979-11-5741-350-8 73910

편집장 전은남 | 책임편집 류성희 | 디자인 디.마인 | 마케팅 송유근 함지숙

글 ⓒ 차성환 2023

이 책은 저작권법에 의하여 보호를 받는 저작물이므로 무단 전재 및 복제를 금지하며,
이 책 내용의 전부 또는 일부를 이용하려면 반드시 저작권자와 현북스의 허락을 받아야 합니다.

⚠ 주의 종이에 베이거나 긁히지 않도록 조심하세요. 책 모서리가 날카로우니 던지거나 떨어뜨리지 마세요.

1979
부마민주항쟁

글 차성환

| 머리말 |

1979 부마민주항쟁, 그날을 기억해요

저도 여러분처럼 어린 시절을 거쳤답니다. 거의 50년 전 그때를 생각하면 늘 아련한 추억들이 떠오릅니다. 그때 우리나라와 지금을 비교하면 참 많이 달라졌어요. 사람들 생활이 놀랍도록 풍족해졌고, 또 권력을 가진 자들에게 주눅 들어 두려움을 갖고 살지 않아도 되게 되었지요. 그런데 좋은 변화만 있었던 건 아니에요. 사람들이 권력을 두려워하지 않고 비판할 자유를 갖게 되었는데, 그 자유에 값할 만큼 진실을 찾고 정의로운 사회를 위한 정치에 대해 깊이 생각하지 않는 것 같습니다.

부마민주항쟁은 군인 출신 대통령이 총칼의 힘으로 나라를 다스리던 시절에 있었던 사건입니다. 사람들은 권력을 두려워해 제대로 말을 할 수 없었습니다. 옳은 것은 옳다고 하고 그른 것은 그르다고 말하면 매를 맞거나 직장을 잃거나 감옥을 가야 했어요. 국민이 나라의 주인이라고 헌법에는 정해 놓았지만 주인 행세는 도무지 할 수도 없었지요.

그럴 때 젊은 학생들이 용감하게 나섰습니다. 그러자 시민들도 뜨겁게 박수치며 함께 나섰습니다. 많은 고통과 희생이 뒤따랐지요. 결국 대통령이 심복 부하 김재규 중앙정보부장의 손에 목숨을 잃으면서 한 시대가 막을 내렸습니다.

지금 우리가 누리고 있는 자유와 민주주의는 처음부터 있었던 게 아니에요. 수많은 사람들이 고통을 겪고 피땀과 눈물을 흘리면서 싸워 얻은 것입니다. 그 역사를 읽는 이유는 앞으로 우리가 살아가야 할 세상을 어떻게 만들어 갈 것인가 생각하기 위함입니다.

우리가 바라는 이런 세상은 가만히 있으면 저절로 오지 않습니다. 이런 세상을 만들려면 끊임없이 공부하고 생각하고 고민해야 합니다. 그리고 옳다고 생각하는 방향으로 힘을 합쳐 찾아가야 합니다. 부마민주항쟁의 역사가 그렇게 우리의 앞날을, 우리가 바라는 세상을 함께 찾아가는 데 좋은 참고가 되기를 희망합니다.

이 책을 쓰도록 권유해 주신 이주영 선생님, 그리고 이 책이 나오기까지 애써 주신 모든 분께 고마운 마음을 전합니다.

함께 잘사는 세상을 꿈꾸며 차성환

| 차례 |

머리말 • 004

제1부

부마민주항쟁, 어떻게 일어났을까?

부마민주항쟁이란 무엇인가? • 10
1979년 부마민주항쟁의 시작, 부산 • 18
마산으로 옮겨 붙은 항쟁의 불길 • 52

제2부

부마민주항쟁이 바꾼 우리 역사

10·26사건 – 궁정동에서 울린 총소리 • 76
12·12사태 – 정치군인들의 쿠데타 • 86
1980년 계엄령 속의 '서울의 봄' • 88
5·18민주화운동 • 92
6월항쟁 • 98

제3부

부마민주항쟁은 우리에게 어떤 교훈을 줄까?

부마민주항쟁은 우리 역사에 무엇을 남겼나? • 110
부마민주항쟁을 어떻게 기억해야 할까? • 120
부마민주항쟁에서 무엇을 배워야 하나? • 125

맺음말 • 132

부록 : 한눈에 보는 부마민주항쟁과 민주화의 역사 • 134

제1부

부마민주항쟁, 어떻게 일어났을까?

부마민주항쟁이란 무엇인가?

'부마민주항쟁'이란 '부산과 마산에서 일어났던 민주주의를 위한 시민들의 항쟁'을 줄인 말이야. 부마가 뭐냐고? 우리가 서울과 부산 사이를 오가는 철도를 '경부선'이라고 줄여 부르듯이 부산과 마산을 합쳐서 '부마'라고 불렀어. '항쟁'은 맞서 싸운다는 뜻인데, 주로 잘못된 권력에 맞서서 약한 사람들이 힘을 모아 싸우는 일을 말해.

부산과 마산에서는 무슨 일이 있었던 걸까? 도대체 권력이 어떤 일을 저질렀기에 사람들이 함께 맞서 싸운 걸까?

부산의 도시 모습. 우리나라 제2의 도시이자 가장 큰 항구 도시야. 부산은 1979년 10월 16일 부마민주항쟁이 처음 시작된 곳이야. (사진·국가기록원)

부마민주항쟁은 언제, 어디서 일어났나?

부마민주항쟁이 어디서 일어났는지는 이름에서 금방 알 수 있어. 부산과 마산(지금의 창원시)에서 주로 일어났단다. 부산과 마산이 어디 있는지 아니? 우리나라 지도를 펴놓고 보면 한반도의 동남쪽 끝부분에 자리 잡고 있는 항구도시들이야. 부산과 마산은 아주 가까운 이웃 도시야.

마산의 도시 모습. 마산만을 품은 항구 도시이자 대규모 기계공업단지가 자리 잡고 있는 대도시로, 지금은 행정구역이 창원시로 바뀌었어. (사진·연합뉴스)

 부산은 바다와 강(낙동강), 산(금정산 등)을 다 품고 있는 우리나라 제2의 도시이자 가장 큰 항구도시야. 마산도 마산만을 품은 멋진 항구인데, 지금은 대규모 기계공업단지가 자리 잡고 있는 대도시(창원시)로 변했단다.
 이 두 도시의 시민들은 마음이 잘 통했어. 1960년에 4·19혁명이 일어났을 때 부산의 시민들은 트럭, 택시 등을 타고 마산으로 달려가서 함께 시위를 했어. 부마민주항쟁

때는 부산에서 먼저 시위가 일어나자 마산의 시민들도 잇달아 시위를 했던 거야.

'시위'란 많은 사람들이 모여 함께 어떤 주장을 하거나 행진하는 행동을 말해. 과거 군인들이 독재정치를 하던 시기에는 대학생들은 모여서 선언문을 읽고 어떤 문제에 대해 연설하거나 구호를 외치며 대학교 캠퍼스나 거리를 행진하는 형식으로 시위를 했어. 시위를 영어로는 '데몬스트레이션(demonstration)'이라 하는데, 이것을 줄여 '데모'라고 불렀어.

부마민주항쟁은 1979년 10월 16일 부산에서 먼저 일어났는데, 이틀 뒤인 10월 18일에는 마산에서도 일어났어. 그러자 당시 대통령이던 박정희가 부산에는 계엄령을, 마산에는 위수령을 내려 모두 군대가 출동하여 진압했지. 마산에 위수령이 내려진 10월 20일 이후에는 항쟁이 일단 수그러들었어. 하지만 그게 끝이 아니었지. 부마민주항쟁을 마무리한 것은 10월 26일 서울의 궁정동에서 김재규 중앙정보부장이 총을 쏴서 박정희 대통령이 사망한 사건이었어.

부마민주항쟁은 왜 일어났을까?

1979년 10월 16일, 부산대학교의 학생들이 유신 체제에 반대하는 시위를 일으켰지. 이것이 부마민주항쟁의 시작이었어. 그런데 왜 대학생들이 시위를 일으켰을까? 유신 체제가 무엇이기에 학생과 시민들이 그렇게 반대했을까?

유신 체제란 1972년 10월 17일, 박정희 대통령이 당시 헌법을 짓밟아 국회를 해산시키고, 군대를 동원하여 계엄령을 선포한 후 만들어낸 독재정치 체제를 말해. 이것을 유신 체제라고 부르는 이유는 박정희 대통령이 이 사건을 '10월 유신'이라고 이름 붙이고, 이 사건으로 만들어진 새 헌법을 '유신 헌법'이라고 불렀기 때문이지. 유신이란 낡은 제도를 고쳐 새롭게 한다는 뜻인데, '10월 유신'은 아마 1867년 일본에서 일어난 '메이지 유신'을 흉내 낸 것으로 보여.

뒤에 더 자세히 설명하겠지만, 이렇게 만들어진 유신 체제는 박정희 대통령을 마치 조선시대의 왕처럼 절대적으로

정부에서 유신 헌법을 발표하는 모습. 박정희는 독재정치를 계속하기 위해 국회를 해산시키고 새로운 헌법인 유신 헌법을 만들었어. (사진·위키피디아)

떠받들었어. 대통령 선거는 국민이 직접 하지 못하고 통일 주체국민회의 대의원이란 사람들 2,500여 명만 장충체육관에 모여서 간접선거를 했어. 그 선거에 박정희 혼자 출마하여 100%에 가까운 지지로 당선되었으니 선거는 하나마나였어. 대통령의 임기도 제한하지 않았기 때문에 평생토록 대통령을 할 수 있었어. 임기란 어떤 자리에서 일할 수 있도록 정해진 기간을 말하는데, 지금 우리나라 헌법에서 대통령의 임기는 5년간 단 한 번만 할 수 있단다.

　이렇게 '유신 헌법'은 독재정치를 위해 만든 헌법이었기 때문에 많은 국민들이 '유신 헌법'과 유신 체제에 반대했지. 많은 정치인, 대학생, 종교인, 언론인, 문화예술인들이 유신 체제를 비판하면서 헌법 개정을 요구했어.

　그중에서도 대학생들은 가장 용감하게 유신 체제에 반대하는 시위를 일으켰어. 하지만 시위를 일으키는 일은 쉬운 일이 아니었어. 무엇보다 긴급조치라는 악법이 있었어. 긴급조치는 유신 헌법 제53조에 있는 대통령의 행정명령으로, 국민의 자유와 권리를 마음대로 억누를 수 있도록 돼 있었어. 이 긴급조치는 비상사태가 발생해야 발동되는데, 어떤 상태가 비상사태인지는 대통령의 마음대로 결정할 수 있었어. 그래서 긴급조치는 유신 체제가 지속된 7년 중 6년 동안 계속 반대세력을 탄압하는 도구로 악용되었어. 두 번째 이유는 당시에 많은 경찰과 정보원들이 대학교 안에 들어와서 학생들의 움직임을 감시하고, 시위를 일으키려는 낌새만 있어도 붙잡아 갔기 때문이야. 세 번째 이유는 시위에 앞장 선 사람들은 엄청난 희생을 치러야 했기 때문이지. 경찰에 끌려가서 무서운 고문을 받으면서 조사를 받고 몇 년씩 감옥살이를 해야 했어. 학교에서는 제적 처분을 해서 학생 신분을 빼앗아 버렸지. 감옥살이가 끝나 사회에 나와도 취직을 할 수 없어 먹고살기가 어려웠어.

그래서 당시 많은 대학교가 있었지만 자주 시위를 하기는 어려웠어. 부산대학교는 유신 체제가 들어선 후 1973년과 1974년도에는 시위가 있었지만, 긴급조치 9호가 내려진 1975년 이후에는 한 번도 시위를 하지 못했어.

이것은 부산대학교 학생들의 마음속에 커다란 부끄러움을 불러일으켰지. 부산의 대표적 국립대학에 다니는 부산대학교 학생들은 나라의 장래를 짊어진 젊은 청년으로서 잘못된 정치를 바로 잡아야 한다는 목소리를 내지 못한 데 대해 늘 마음의 빚이 있었어. 그래서 부산대학교 학생들은 누군가 앞장서기만 하면 언제라도 함께할 마음의 준비를 다지고 있었던 거야.

1979년 부마민주항쟁의 시작, 부산

　부마민주항쟁이 본격적으로 시작된 날은 1979년 10월 16일이야. 이날 오전 10시경 부산대학교에서 정광민(경제학과 2학년)이 주도하여 유신 체제에 반대하는 시위가 일어났어. 정광민은 가난한 가정에서 자라난 청년이었어. 그는 독서를 통해 깊은 생각을 키우면서 잘못된 정치를 바로 잡아야 한다고 생각했지.

　정광민이 시위를 일으키기 바로 전날, 부산대학교에서 유신 체제에 반대하는 선언문이 뿌려졌어. 이진걸, 신재식 등의 학생들이 시위를 하기 위해 선언문을 뿌렸지만 결국 실패하고 말았어. 이 소식을 들은 정광민은 다음날 자신이 앞장서 시위를 하겠다고 결심하고 준비를 시작했어. 그는 친구들과 의논한 후 자기 집에서 밤새워 선언문을 만들었지.

정광민과 부산대학교 학생들

10월 16일 아침, 정광민은 강의실을 돌면서 학생들에게 함께하자고 호소했어. 약 70여 명의 학생들이 정광민을 중심으로 대열을 지어 도서관으로 행진했어. 도서관 앞 잔디밭에는 이미 꽤 많은 학생들이 모여 있었어. 그 속에는 미리 은밀하게 연락을 받고 모여든 학생들도 있었어.

학생들이 노래를 부르고 집회가 시작되려는 순간 사복 경찰이 정광민의 멱살을 잡아끌고 가려 했어. 그러자 학생들이 달려들어 경찰을 밀어내고, 함께 어깨를 걸고 구호를 외치며 시위 행진을 시작했지

"유신 철폐!"

"독재 타도!"

'유신 철폐'는 유신 체제를 없애 버리자는 뜻이고, '독재 타도'란 독재를 무너뜨리자는 것이지.

처음 도서관 앞에 모였을 때는 500여 명 정도였던 학생들이 운동장을 지나 정문 앞으로 행진할 때는 2,000여 명 이상으로 불어났지. 그런데 정문 앞에서 진을 치고 있던 경찰은 갑자기 매운 독가스(최루탄) 차를 학교 안으로 전진시키며, 학생들을 쫓아가 때리고 건물의 유리창을 깨뜨리기도 했어. 그러자 교실에서 공부하고 있던 학생들도 이 광경을 보고 화가 나서 시위에 참가했지. 학생들은 다시 도서관 앞뜰에 모여 집회를 열어 선언문도 낭독하고 구호도 외쳤어.

그러고는 학교 밖으로 나가기로 했지. 학생들은 대략 세 갈래로 대열을 지어 부산 시내로 나갔어. 첫 번째로 나간 500여 명에 이르는 학생들은 당시 후문으로 사용하던 옛 정문을 뚫고 큰 길로 나가 온천장 방면으로 행진했어. 두

온천장을 통과하는 부산대 학생들. 도서관 앞에서 선언문을 낭독하고 집회를 시작한 부산대 학생들은 옛 정문을 뚫고 큰 길로 나가 온천장 방면으로 향했지. 학생들은 대열을 지어 행진하며 '유신 철폐! 독재 타도!'의 구호를 외쳤어. (사진·김탁돈·부마민주항쟁기념재단)

시위대를 막기 위해 모여 있는 경찰들. 당시 진압을 맡은 경찰들은 철모를 쓰고 방패와 몽둥이를 들고 시위하는 사람들을 강압적으로 진압했어. (사진·김탁돈·부마민주항쟁기념재단)

번째로 나간 1,000여 명의 학생들은 부산대학교 옆에 있던 사대부고(부산대 사범대 부속고등학교)의 담장을 무너뜨리고 산업도로를 거쳐 온천장으로 향했어. 세 번째로 나간 700여 명의 학생들은 역시 사대부고를 통해 산업도로를 따라 온천장으로 달려갔어. 학생들이 거리로 나서자 길가의 시민들은 모두 학생들의 용감한 행동에 박수와 함성으로 응원했지.

첫 번째 대열은 미남로터리에 이르러 진압하는 경찰부대에 돌멩이를 던져 물리치고 거제리까지 나아갔다가, 오후 2시에 부산역에서 모이기로 하고 흩어졌지. 두 번째와 세 번째 대열은 온천장과 교육대학 입구에서 경찰의 진압에 밀려 흩어지면서 역시 오후 2시에 부산시청 앞에서 모이기로 했어.

진압이란 '강압적인 힘으로 억눌러 진정시킨다'는 뜻이야. 부마민주항쟁 당시 진압을 맡은 경찰들은 철모를 쓰고 방패와 몽둥이를 들고 시위하는 사람들을 흩어지게 하거나 붙들어 갔어. 또 최루탄이라는 일종의 독가스를 뿌려서 사람들이 흩어져 달아나게 했어.

학교에 남아 있던 학생들도 모두 버스를 타고 시내로 모여들었지. 버스는 학생들로 가득 찼고 쏜살같이 부산 시내를 향해 달렸어. 버스 안내원들은 학생들의 차비도 받지 않았어. 버스 기사도 버스 안내원도 학생들의 시위를 진심으로 응원했기 때문이야.

10월 16일 오후의 항쟁

　부산대학교 학생들이 오후 2~3시경 부산의 번화가인 시청 앞과 광복동, 남포동 등지에 나타나면서 부마민주항쟁은 본격적으로 시작되었어.

　광복동 일대의 번화가는 수천 개의 가게와 술집, 도로와 골목길이 얽혀 있고, 하루에 수십만 명이 오가는 곳이었지. 이렇게 미로 같은 지형을 이용해 학생들은 크고 작은 대열을 이루어 시위를 벌였어. 경찰이 쫓아오면 흩어져서 골목에 숨었다가 지나가면 다시 쏟아져 나와 "유신 철폐", "독재 타도"를 외쳤지.

　이러는 사이에 시위대는 점점 커졌고, 시위 지역도 점점 넓어졌어. 100~300명 정도의 여러 시위대가 남포동, 창선동, 대청동, 중앙동, 동광동 등 중구 일대와 동대신동, 부민동, 토성동 등 서구 일대까지 누비고 다녔어.

　시민들은 시위하는 학생들에게 음료수와 빵, 김밥 등을 공짜로 나눠 주기도 하고, 학생들이 경찰에 쫓기면 숨겨 주기도 하며 시위 대열에 참여하기도 했어. 시민들은 높은 건물 위에서 경찰에게 재떨이, 화분, 연탄재, 병 등을 던져 진압을 방해하기도 했지. 경찰은 갈팡질팡할 뿐 시위를 진압할 수 없었어.

당시에는 오후 5시에 동사무소(지금의 행정복지센터)에서 태극기를 깃대에서 내리는 행사를 했어. 그때는 모두가 가던 길을 멈추고 흘러나오는 애국가를 경청해야 했지. 시위에 참여한 학생과 시민들은 그 자리에 서서 함께 애국가를 불렀어. 그리고 부산대학교 교가도 불렀지.

이 무렵부터 시위는 더욱 격렬해지기 시작했어. 시위 소식이 알려지면서 많은 사람들이 번화가로 몰려오기 시작해 거리는 더 혼잡해졌지. 오후 5시 40분경 남포동의 부영극장 앞으로 한 TV 방송의 취재 차량(지금은 없어진 TBC라는 방송국의 차량이었어)이 나타났어. 그러자 그동안 권력자의 앵무새 노릇만 하던 언론에 대한 시민들의 분노가 폭발해 여기저기서 돌멩이가 날아가자 취재 차량은 급히 달아나 버렸지.

10월 16일 밤의 항쟁

　오후 7시 무렵이 되자 퇴근길의 회사원, 노동자, 상인, 상점의 종업원, 재수생, 교복을 입은 고등학생을 포함한 다양한 시민들이 한꺼번에 시위대에 합세했지. 이제는 학생들이 시위의 중심이 아니고 시민들이 중심이 되어 버렸어. 무려 5만 여 명이나 되는 인파가 부영극장 앞 육교를 중심으로 시청 앞에서 충무동에 이르는 4차선 도로와 광복동 일대를 가득 메웠어. 거리에 넘쳐흐르는 장대한 사람의 물결이 시청 앞과 충무동 로터리 사이에 출렁거렸지.
　"독재 타도!"
　"유신 철폐!"
　"언론 자유!"
　시민들은 함께 구호를 외치며 스스로 감격스러워 했어.
　경찰은 항쟁이 널리 퍼지는 걸 막기 위해 남포동, 창선동, 광복동, 충무동 입구를 막고, 국제시장 상인들에게는 가게 문을 닫으라고 했지만 상인들은 말을 듣지 않았어.

부산 시내의 거리를 행진하는 시민들. "독재 타도!" "유신 철폐!" 시민들은 함께 구호를 외치며 감격스러워 했어. (사진·김탁돈·부마민주항쟁기념재단)

대학생들의 시위 소식을 듣고 광복동 일대에 모여든 사람들. 수만 명의 시민들이 시위대에 합세하면서 이제 학생이 아니라 시민들이 시위의 중심이 되었어. (사진·정광삼·부마민주항쟁기념재단)

시위가 일어나는 곳으로 모여드는 시민들에게는 돌아가라고 겁을 주었지만 사람들은 돌아가지 않고 버텼지.

이러면서 시위의 모습이 바뀌기 시작했어. 이제 시위대는 파출소, 경찰 차량 등을 공격하기 시작했지. 파출소는 각 지역의 질서 유지를 위해 경찰관들이 배치된 곳인데 경찰서보다 규모가 작아. 부마민주항쟁 당시 경찰은 유신 독재를 밑받침하는 권력기관으로, 시민들에게 매우 거만하고 무서운 조직이었어.

밤 8시 40분경 시위대 500여 명이 남포파출소를 파괴했어. 이어서 시위대는 경찰의 기동순찰차와 작전 차량을 뒤집어 불을 질렀지. 소방차가 오기까지 작전 차량은 시커먼 연기와 불꽃을 내뿜으며 30분 동안이나 불탔어.

밤이 깊어가면서 경찰은 행인과 구경꾼과 시위대를 구분하지 못해 더욱 갈피를 잡을 수 없었어. 경찰은 "귀가하지 않고 있는 시민들은 시위대로 간주하고 체포하겠다"면서 통행금지를 밤 10시부터 시작한다고 방송했어. 이 무렵에는 통행금지 시간이 밤 12시였는데 2시간을 앞당긴다는 것이었지.

'통행금지령' 또는 '통금'은 일정 시간에 일반인의 통행을 금지하는 제도인데, 주로 야간에 이루어지는 경우가 많아. 원칙적으로 분쟁이나 재난이 있을 때에 치안 유지를 위해 제한적으로만 시행되지만, 우리나라에서 야간 통행금지는 1982년 1월 5일 폐지될 때까지 무려 36년 4개월 동안이나 실시되었어.

밤 9시가 넘어가자 주로 광복동, 남포동, 창선동 일대에서 경찰과 몸싸움을 하던 시위대는 바깥쪽으로 움직이기 시작했어. 경찰은 시위대를 강하게 막아섰지만 도저히 막을 수가 없었어. 시위대는 대청로와 미국문화원을 거쳐 부산시청 방면으로, 대청사거리에서 영선고개 방면으로, 동대신동 방면으로 갈라지면서 거센 불길처럼 부산의 밤거리를 휩쓸었지.

이날 밤 자정을 넘어 다음날 새벽 1시까지 시위에 참여한 시민과 학생들은 남포, 부평, 보수, 중앙, 제1대청, 흑교 등 모두 11개의 파출소와 경남도청, 부산문화방송국 등을

부산극장 앞 시위 현장 모습. 밤이 깊어 가면서 시위대가 경찰 차량을 불태우는 등 시위 모습이 거칠어지기 시작했어. (사진·김탁돈·부마민주항쟁기념재단)

공격했어. 하지만 부산대학병원과 법원 등은 공격하지 않았어. 여기저기 파출소에서 떼어 온 대통령 박정희의 사진도 불태워졌지.

이처럼 평화적인 시위로 시작한 항쟁은 경찰의 무자비한 진압과 시민들의 분노가 맞물려 4·19혁명 이후 가장 격렬한 모습을 보였던 거야.

10월 17일 낮, 부산대학교와 동아대학교 학생들의 시위

10월 17일 아침부터 부산 시내 모든 공장, 사무실, 시장, 가정에서는 전날의 항쟁이 화제가 되었지. 신문과 방송은 입을 다물고 있었지만 소문은 빠르게 퍼졌어.

전날 항쟁의 진원지였던 부산대학교는 강제로 휴교에 들어갔어. 정문 앞에는 임시휴교 공고문이 나붙었고, 완전 무장한 경찰 기동대가 배치되어 있었지. 그런데도 학교로 온 학생들이 거의 1,000여 명을 넘었어. 학생들은 학교 안으로 들어갈 수가 없게 되자 구호를 외치고 노래를 부르면서 대열을 지어 식물원 방면으로 행진했지. 식물원 입구에서 경찰 기동대의 습격을 받은 학생들은 흩어져서 광복동, 남포동 쪽으로 이동했어.

한편 대신동에 자리 잡은 동아대학교에서는 이날 아침, 이동관(법학과 3학년), 강명규(정외과 2학년), 김백수(법학과 2학년)가 시위를 하자는 데 합의하고 학생들을 움직였어. 도서관 앞 잔디밭에 학생들이 하나둘 모여 앉기 시작했어.

하지만 누가 앞장서거나 구호를 외치지는 않고 노래만 부르면서 다른 학생들의 참여를 이끌어 내려고 했지.

그런데 1교시를 마친 10시경에 교련 수업을 받던 법정계열 학생들이 "유신 철폐!" "독재 타도!" 구호를 외치며 운동장을 돌면서 시위를 시작했고, 교문을 향해 행진했어. 그러나 11시 20분경 경찰이 가스차를 앞세워 학교로 밀고 들어오자 학생들은 흩어졌지. 경찰 기동대가 학교 운동장에 버티고 있자 신순기 교무처장과 학도호국단 사단장 이용수(법학과 3학년)가 경찰 책임자에게 학교 밖으로 물러가도록 요구했어. 경찰은 1시간쯤 버티다가 12시 10분쯤에 물러갔어.

학도호국단은 본래 이승만 정부 때 학생들을 정치적으로 동원하기 위해 만든 조직으로, 4·19혁명 이후 폐지되었어. 대신 학생들의 자치기구로 학생회가 조직되어 15년간 이어져 왔는데, 유신 정부는 1975년에 들어와 학도호국단을 부활시키고 학생회를 폐지하여 학생들의 자치활동을 억제하려고 했어. 학도호국단에서는 학생 간부들을 군대식으로 사단장, 연대장, 대대장 등으로 불렀어.

이날 오후에는 정치외교학과, 법학과, 행정학과 2학년 학생들의 교련 수업이 오후 1시 30분부터 시작될 예정이었어. 교련이란 군사훈련을 받는 과목이었지. 유덕열(정외과 2학년)이 학생들에게 "이런 분위기에서 교련 수업을 받지 말고 운동장에 나가 토론을 하자"고 외쳤어. 그러자 120여 명의 학생들이 운동장으로 내려가 자연스럽게 어깨를 걸고 대열을 이루었어. 운동장과 도서관 앞을 행진하는 사이에 대열은 1,000여 명 이상으로 불어났어. 그러자 경찰은 오후 2시경 다시 학교 안으로 밀고 들어와 시위 대열을 흩어 버렸어.

이후 학생들은 도서관 앞에 1,000여 명이 모여 노래를 부르고 농성하다, 700여 명은 강의실로 들어가고 300여 명은 교문으로 이동하여 경찰과 맞섰어. 그런 가운데 오후 6시에 부영극장 앞에 모여 부산대학교 학생과 함께 시위하자는 말이 입에서 입으로 옮겨졌지. 이제 학생들은 학교 밖으로 나와 부영극장 앞으로 가기 위해 시내로 가는 버스를 탔지.

　동아대학교 학생들이 시내로 나오기 전인 정오 무렵에 이미 대학생들이 번화가의 다방, 음식점, 술집에 자리 잡기 시작했고, 교수들은 학생들을 말리러 나왔어. 시내에는 묘한 긴장이 감돌았지. 그런 가운데 오후 3시경 부산시청에서는 서울에서 내려온 구자춘 내무부장관이 기자들을 만나고 있었어. 그는 16일의 항쟁을 '학생들이 일으킨 소란'이라면서 강력하게 막겠다고 했어. 경찰이 모자란다면 더 많이 보내겠다고 했지. 하지만 기자회견을 하는 그 시간에도 시내 곳곳에서는 학생, 시민들과 경찰 사이에 크고 작은 싸움들이 이어졌어.

　그 가운데 이런 일도 있었어. 시위하던 학생들이 광복동 유나백화점 근처에서 기동경찰대에 쫓겨 국제시장 쪽으로 달아났어. 이런 광경을 창문으로 바라보고 있던 어린 오누이가 있었어. 다섯 살쯤 돼 보이는 남동생이 뒤쫓아 가는 경찰들에게 학생들이 달아난 방향을 가리키면서 "저리 도망갔어요"라고 말했어. 그러자 옆에 있던 일곱 살쯤 돼 보이는 누나가 남동생의 머리에 알밤을 먹이면서 "아니에요. 저쪽으로 갔어요" 하면서 다른 방향을 가리켰어. 어린애들까지 누구 편을 들어야 하는지 알고 있었던 거지.

10월 17일 밤의 항쟁

본격적인 항쟁은 날이 어두워지면서 시작되었어. 이날 시위에도 학생보다는 시민들이 훨씬 더 많이 모였어. 오후 6시 30분경 어둠이 깔리면서 남포동에 모인 사람들이 "모여라!"는 외침과 함께 애국가를 부르며 시위 대열을 만들었어. 이때부터 2~300여 명 정도의 여러 시위대가 남포동, 광복동, 국제시장, 부평시장 등을 중심으로 "유신 철폐!", "독재 타도!"를 외치며 시위를 벌였지. 경찰은 전날과 같이 최루탄을 쏘고 곤봉으로 때리면서 막으려 했지만 진압할 수 없었어. 고층건물에서는 경찰의 머리 위로 불붙은 연탄과 화분 등이 떨어져 내렸지.

특히 광복동과 가까이 있는 국제시장 골목은 시위하기

에 딱 좋았어. 국제시장을 가로 세로로 꿰뚫는 길엔 밤만 되면 행상과 노점들이 가득 들어차 있었어. 이들은 경찰에게는 장애물이었지만 시위대에게는 응원부대였어. 국제시장의 영세 상인들은 가게 문을 활짝 열어 두고 도망쳐 들어오는 시위대원들을 숨겨 주었지. 경찰은 국제시장의 미로 속으로 들어가지 않고 그 주변에 소대 규모의 경찰부대로 방어망을 쳤어. 시위가 바깥 쪽 더 넓은 지역으로 퍼지는 것을 막아 보려는 것이었지.

하지만 밤 7시 30분경부터 시위대는 경찰의 방어망을 뚫고 바깥으로 나가기 시작했지. 충무동 로터리 방면으로 나간 여러 시위대는 충무파출소, 부민파출소, 동신파출소, 서부경찰서, 동대신파출소 등에 돌을 던져 유리창을 깨뜨리고 거침없이 서구 지역을 휩쓸었어. 시위대는 전진하면서 몇 갈래로 나누어지고, 나누어진 갈래마다 더 많은 젊은이들을 끌어들여 새로운 시위대를 만들어 나갔지.

밤 8시경에는 약 200여 명의 시위대가 경찰의 방어망을 뚫고 영선고개로 내달렸어. 이 시위대에도 학생보다는 일

반 시민들이 더 많았어. 그들은 영주동 육교를 거쳐 초량 뒷길로 해서 동부경찰서까지 행진하면서 제2대청파출소, 제1초량파출소, 제2초량파출소, 고관파출소까지 깨뜨렸어. 거의 1,000여 명으로 불어난 시위대는 동부경찰서로 몰려가 유리병과 돌멩이를 던졌어. 동부경찰서는 위급한 상황이었는데 제2기동대 병력이 달려와 겨우 구해냈어.

그러자 시위대는 동부경찰서에서 300미터 떨어진 KBS 부산방송국을 덮쳤지. 권력의 앵무새 노릇만 하는 방송에 화가 났던 시위대는 방송국에 유리병과 돌멩이를 던지고 마당에 세워둔 TV 중계차를 각목으로 때려 박살냈어. 바로 그때 동부경찰서 방향에서 완전 무장한 군인들이 수십 대의 트럭에 타고 달려오고 있는 것이 보였어. 시위대는 두려워서 뿔뿔이 흩어졌지. 하지만 군인들은 부산역 광장으로 가는 중이었어.

다시 모인 시민들은 부산역을 거쳐 부산시청 쪽으로 행진하면서 부산일보와 부산 MBC에도 돌을 던지고, 시청 앞에서 경찰과 크게 맞붙었어. 시위대는 돌, 병, 가로수 버

시위대가 던진 화염병에 불타버린 파출소 모습.
10월 17일 밤이 되면서 시위대는 경찰의 방어망을 뚫고 나가 파출소를 공격하는 등 더욱 격렬해졌어. (사진·김탁돈·부마민주항쟁기념재단)

팀목, 공사장의 각목 같은 것을 가지고 싸웠지만, 경찰이 뿜어대는 엄청난 최루 가스와 무자비하게 휘두르는 곤봉 앞에서 버티기 어려웠어. 시위대가 흩어져 달아나자 경찰은 골목 구석구석까지 쫓아가서 최루 가스로 고통 받는 시민들을 마구 때려눕힌 후 끌고 갔어.

이날 밤 9시 30분경, 부산에 주둔하는 2관구 사령관 정상만 소장은 국제시장 쪽으로 갔어. 청와대 김계원 비서실장의 지시로 시위 상황을 직접 보기 위해서였어. 헌병 백차가 앞에 서고 사령관 차와 부산시 경찰국장의 차가 그 뒤를 따라 움직였어. 차들이 미국문화원 앞에 이르러 잠시 멈춘 사이에 300여 명 정도의 시위대가 이들을 향해 유리병과 돌멩이를 던지고 각목을 휘두르면서 달려왔어. 사령관 일행은 급히 피신했고, 3대의 차는 시위대가 완전히 파괴해 버렸지.

이날 밤 9시 40분경, 동주여자상업고등학교 서회인(야간부 2학년)은 집으로 돌아가는 길에 경찰이 던진 사과탄이 폭발하면서 얼굴을 맞아 쓰러졌어. 피투성이가 되어 쓰러진 서회인은 침례병원으로 옮겨져 6개월이나 치료를 받았어. 하지만 그로 인해 평생토록 고생하다가 마흔 살도 채 되기 전에 숨을 거두었지.

한편 항쟁의 불티는 서면 방면으로도 튀었어. 이날 밤 7~8시경 남포동에서 시위를 하던 학생들이 버스를 타고 부전동으로 이동했고, 도중 부산진역에서 부산대학교 학생 20여 명이 합류했지. 밤 9시경 서면 태화극장 앞에 100여 명 정도의 시위대가 모였어. 이들은 9시 25분경 서면 태화극장 앞 지하도에서 구호를 외치면서 시위를 하다가 경찰이 들이닥치면서 흩어졌어.

서구를 휩쓴 시위대는 18일 자정에 구덕파출소를 공격했어. 그리고 계엄군이 대신동으로 들어오는 상황에서도 시위 군중 2,000여 명은 법원과 옛 영남극장 앞에 모여 구호를 외쳤다고 해. 이들이 해산한 것은 새벽 2시가 되어서였어.

서구에서는 이런 일도 있었지. 깊은 밤중에 한 청년이 계엄군에 쫓겨 어떤 골목길로 들어섰을 때 군인이 멀리서 다가오고 있었어. 그때 바로 옆집에서 흰 소복을 입은 젊은 여성이 나타나더니 "오빠, 아버지 제사에 이렇게 늦게 오면 어떡해?" 하면서 청년의 팔을 끌고 집 안으로 들어갔어. 아무리 계엄군이라도 제사 모시러 집에 왔다는 청년을 잡아갈 수는 없었어. 청년은 집으로 들어가서 어떤 방으로 안내되었는데, 그 방에는 이미 그런 식으로 숨어든 청년들 여러 명이 있었다고 해.

계엄군의 무자비한 폭력에서 동료 시민을 구하려고 그런 꾀를 낸 젊은 여성의 용기가 놀랍지 않니?

박정희 대통령, 계엄령을 선포하다

10월 17일의 항쟁은 16일과 비교해 보면 시위 지역이 동구와 서면까지로 더 넓어졌고, 싸움도 더 치열해졌어. 17일 밤늦게까지 항쟁이 이어지면서 10월 18일 자정부터 박정희 대통령이 부산 일대에 비상계엄령을 선포했어.

비상계엄령이란 '전쟁 또는 전쟁에 준할 사변에 있어서 적의 포위 공격으로 인하여 사회 질서가 극도로 교란된 지역에 선포하는 명령'이야. 당시 부산의 상황은 전쟁도 아니었고, 적의 포위 공격이 있었던 것도 아니야. 박정희 대통령이 시위하는 학생과 시민들을 적으로 생각하지 않았다면 내리지 못할 명령이었지.

비상계엄령이 선포되면 언론·출판·집회·결사의 자유나 정부와 법원의 권한 등에 특별한 조처를 할 수 있고 계엄사령관이 계엄 지역 내의 행정사무와 사법사무를 관장할 수가 있어. 다시 말하면 군인인 계엄사령관이 부산시장이나 부산지방법원장보다 더 높은 위치에 서게 되는 거야.

이런 엄청나고 무시무시한 계엄령을 실시하기 위해 박정희 대통령은 박찬긍 군수기지사령관을 계엄사령관에 임명하고, 제3공수특전여단과 해병7연대를 부산으로 보냈어. 부산지구 계엄사령관 박찬긍은 포고문 1호를 발표하여 '일체의 집회와 시위, 단체 활동을 금지'했어. 또한 사업장 이탈과 태업의 금지(태업이란 노동자들이 사업주나 국가에 대항하여 싸우는 방법의 하나로서 작업을 하되 일부러 게을리 하여 손해를 입히는 것을 말해), 언론 출판의 검열, 대학의 휴교, 야간 통행금지의 연장, 포고를 위반할 경우 영장 없이 체포, 구금, 압수, 수색하도록 했어. 탱크와 장갑차를 앞세운 계엄군이 각 대학교와 관공서에 일제히 배치되었어.

비상계엄령 같은 중대한 결정은 깊이 생각하고 토론해서 이루어져야 하는데, 당시의 비상계엄령은 박정희 대통령의 말에 무조건 복종하는 국무총리와 장관들이 토론도 거의

비상계엄령 포고문을 보고 있는 부산 시민들. 부산의 시위가 더욱 격렬해지자 정부는 10월 18일 자정부터 부산 일대에 비상계엄령을 선포했어. (사진·김탁돈·부마민주항쟁기념재단)

비상계엄령이 선포된 뒤 부산시청 앞에 배치된 군 장갑차와 가스차. 비상계엄령이란 '전쟁 또는 전쟁에 준할 사변에 있어서 적의 포위 공격으로 인하여 사회 질서가 극도로 교란된 지역에 선포'하는 명령이야. (사진·김탁돈·부마민주항쟁기념재단)

없이 그날 밤 11시 30분에 급히 소집된 국무회의에서 10여 분 만에 뚝딱 통과해 버리고 말았어.

하지만 사실 계엄령은 그날 밤 9시 30분경 청와대의 박정희 대통령 서재에서 이미 결정되어 있었어. 그 자리에는 비서실장, 경호실장, 중앙정보부장, 내무부 장관, 국방부 장관 등과 함께 정승화 육군참모총장 등 군대의 지휘관들이 있었고 대통령은 15분 만에 계엄사령관을 결정했어. 국무회의의 결정은 그저 형식이었을 뿐이야.

10월 18일 부산의 항쟁

10월 17일 자정에 계엄령을 내림과 함께 오전에는 박정희 대통령이 담화문을 발표하여 부산의 시위가 '지각없는 일부 학생들과 이에 합세한 불순분자들이 일으킨 난동, 소요'라고 말했지. 하지만 부산의 학생과 시민들은 계엄령이 내려지고 박정희 대통령이 서슬 퍼런 담화를 발표했는데도 주눅 들지 않고 계엄군에 맞섰지. 학생과 시민들은 그 싸움이 '난동, 소요'가 아니라 '정의로운 민주화운동'이라고 생각했으니까.

 10월 18일 아침, 부산여자대학(현 신라대, 당시 연산동 소재) 학생들이 등교하여 닫힌 교문 앞에 모였어. 오전 9시 35분경 학교의 교수들이 집으로 돌아가라고 설득했으나 약 400여 명의 학생들은 서면 로터리 방향으로 걸어가기 시작했지. 누가 봐도 계엄령을 내린 정부에 항의하는 모습이었어. 학생들은 구호를 외치면서 무리지어 인도로 행진했어. 그 사이로 남자 대학생으로 보이는 사람들이 합세하기도 했어. 얼마 지나자 경찰기동대가 출동했어. 그들은 무서운 몽둥이를 휘두르며 대열을 흩어 버렸지만 끝까지 버티던 학생 56명은 동래경찰서로 끌려갔어.

 또 성지공업전문대학(현 부산과학기술대학, 당시 우암동 소재)에서도 휴교된 줄 모르고 등교한 학생들 100여 명이 학교 앞에 모여 있었어. 학생들은 시위할 생각으로 학교에 온 것은 아니지만, 학교 문이 갑자기 닫히고 군인들이 지키고 있는 모습에 화가 나서 발길이 떨어지지 않았어. 학생들은

부산국제회관을 지키고 선 계엄군. 비상계엄령 선포 후 부산 시내 곳곳에서는 총을 들고 서 있는 군인들의 모습을 많이 볼 수 있었어. (사진·김탁돈·부마민주항쟁기념재단)

부산 광복동에 나타난 계엄군의 탱크 모습. 하지만 부산 시민들은 무시무시한 계엄군에 주눅 들지 않고 계엄령을 내린 정부에 항의하며 맞섰어. (사진·김탁돈·부마민주항쟁기념재단)

30여 분이 지나도록 해산하지 않고 모여 있었어. 9시 40분경에 남부경찰서 병력 174명이 동원되고 남부경찰서장이 나와 설득하고서야 학생들은 발길을 돌렸어.

군인들이 무시무시한 모습으로 감시하는 가운데 저녁 어둠이 깔리면서 도시에 긴장이 감돌기 시작했어. 그날은 가을비가 내리고 있었어. 부산의 번화가인 광복동 등지에는 600여 명을 헤아리는 계엄군과 경찰 기동대가 탱크와 장갑차를 앞세우고 시민들의 움직임을 주시했지.

저녁 7시 20분경 부영극장 주변 거리에 구름처럼 모여든 학생과 시민들은 두려움 속에서도 시민들을 억압하는 계엄군을 향해 항의하는 야유를 보냈어. 이 야유는 말로 표현하지 않고 입 안에서 "음~" 하는 소리를 다 함께 내는 거였어. 이 소리는 작고 낮았지만 수천 명이 함께 내었기 때문에 마치 천둥치는 소리처럼 크게 들렸어. 상상해 봐. 수천 명의 사람이 계엄군을 쳐다보면서 한꺼번에 "음~" 소리를 내는 광경을.

그러자 극장 앞에서 경계 근무를 하던 계엄군들이 하늘

에 대고 총(공포탄)을 발사했지. 놀란 시민들은 일시에 흩어져 인근의 가게와 건물 안으로 숨어 버렸어. 가게들은 셔터를 내리고 불을 꺼 버렸지. 거리는 일시에 적막한 어둠 속에 묻혀 버렸단다. 그리고 10분쯤 지난 후 가게의 셔터가 열리고 불이 켜지면서 시민들은 거리로 쏟아져 나와서 또다시 "음~" 하는 소리를 냈어. 그러면 또다시 공포탄이 발사되고 최루탄도 터졌어. 시민들은 또 인근 가게 안으로 피신했어. 그런 상황이 3, 4차례 되풀이되었어. 이 과정에서 계엄군은 40발의 공포탄을 쏘고 경찰 기동대는 15발의 최루탄을 쏘았다고 기록되어 있어.

저녁 8시경 수천 명의 시민들이 모여 있던 동명극장 앞길에서 누군가가 "야!" 하는 고함을 지르며 찻길로 나섰어. 순식간에 500여 명의 시민들이 모여 어깨동무를 하고 "왓샤!" "왓샤!" 함성을 지르며 남포파출소 쪽으로 행진했어. 그들은 파출소에 돌멩이를 던져 유리창을 깨뜨린 후 시청 쪽으로 치달렸어. 이때 경찰과 함께 공수부대가 이 시위 대열을 무자비하게 짓밟고 흩어 버렸어. 시위대는 광복동 쪽으로 흩어져 달아났어.

하지만 시위대는 남포동, 광복동 곳곳에서 다시 모이기 시작했어. 밤 8시 10분경 학생과 시민 300여 명이 광복동 입구에서 시청 쪽으로 2차례나 밀고 나가려다 최루탄으로 공격하는 경찰 병력과 3공수여단 13대대의 공세에 밀려 흩어졌어.

"유신 철폐!"

"독재 타도!"

시민들은 경찰과 군인들이 없는 곳에서 30명, 50명씩 모여 구호를 외치다가 붙잡으러 오면 흩어져 달아나는 식으로 밤늦게까지 여기저기서 시위를 벌였어. 비록 막강한 군인들에게 힘으로 당할 수는 없었지만 부산 시민들은 끈질기게 시위를 벌였지.

한편 이날 밤 9시 30분경 부산의 또 다른 중심지 서면의 대아호텔 앞에는 700여 명의 시위대가 운집하여 해병 7연대와 맞서고 있었어. 초저녁부터 계엄군을 원망스럽게 바라보는 시민들이 여기저기 모여 있었어. 그러다 숫자가 늘

부산의 민주항쟁 지도

어나면서 "유신 철폐", "계엄 철폐"의 구호를 외치며 시위가 시작되었지.

해병대는 서면로터리 중심부에 자리 잡고 있다가 구호를 외치는 소리가 들리면 시위대를 붙잡으려고 달려갔지. 그러면 시민들은 얼른 골목으로 달아났어.

계엄령 때문에 버스가 움직이질 못하자 시민들은 걸어갈 수밖에 없었어. 통행금지를 10시로 앞당겨 놓고 시내버스도 타기 어려우니 시민들은 화가 났지. 시민들은 인도를 가득 메운 채 걸어가면서 구호를 외쳤어. 계엄군은 구호 외친 사람들을 붙드는 한편, 사람들이 인도에서 차도로 조금만 내려와도 사정없이 두들겨 패고는 대기하고 있던 경찰버스에 처넣었어.

이처럼 부산 시민들은 독재정권의 계엄령에 굴하지 않고 대담하고 용맹한 투쟁을 펼쳤지.

마산으로 옮겨 붙은 항쟁의 불길

 마산은 부산의 이웃 도시로 평소에도 많은 시민들이 서로 오가던 곳이었어. 부산에서 항쟁이 일어났다는 소식은 17일부터 마산에 퍼지기 시작했지. 경남대학교는 부산에서 통학하는 학생들 입으로 소식이 전해지면서 분위기가 술렁거렸어.

 10월 17일 밤, 경남대 도서관 2층 열람실에는 곧 시작될 중간고사에 대비한 시험공부를 하는 학생들이 모여 있었지. 그때 이윤도(경영학과 3학년)라는 학생이 나타났어.

"지금 우리가 공부만 하고 있을 때입니까? 오늘이 무슨 날인지 아시오? 1972년에 유신 헌법을 선포한 바로 그날이요! 지금 부산에서 어떤 일이 일어나고 있는 줄 아시오?"

그는 이렇게 소리를 지르면서 책상 위에 올라가 애국가를 부르고 도서관을 빠져 나갔어. 이 일은 다음날 학생들이 도서관에서 농성을 벌였다는 식으로 부풀려져 소문이 나기도 했어.

경남대학교 학생들의 시위

10월 18일 아침 7~8시경에는 경남대 교내에서 유신 독재를 비난하고 시위를 일으키자는 격문이 3군데나 붙어 있는 것을 직원들이 발견했어. 또 '독재자 물러가라'는 전단도 뿌려졌어. 이런 것은 곧 치워졌기 때문에 학생들이 직접 보지는 못했지만 소문이 퍼져 모두가 알게 되었지. 이날 아침에는 누군가가 교문 앞에 부산의 비상계엄령 소식이 담긴 '한국일보' 신문뭉치를 갖다 놓기도 했어. 학교 안팎으로 긴장감이 높아졌지.

당시 경남대학교에서는 9월 중순부터 몰래 시위를 준비해 오던 학생들이 있었어. 최갑순, 옥정애, 정성기, 신정규, 이윤도 등이 그들이야. 하지만 그들의 계획보다 일찍 부산에서 시위가 일어나면서 상황이 바뀌었지. 이날 정인권(국제개발학과 2학년), 박인준(법학과 2학년), 최재호(경영학과 2학년), 한양수(법학과 2학년) 등은 점심시간에 연락하여 오후 1시 30분에 도서관 앞에 학생들을 모이게 하자고 결정했어.

학생들이 도서관 앞으로 모이기 시작하자 학교 당국은 급히 교수회의를 열고 오후 2시 15분경 교내 방송을 통해 무기한 휴교를 발표했지. 이렇게 되자 도서관 앞에 모인 수백 명의 학생들은 크게 반발했어. 하지만 학생들은 갑자기 모였기 때문에 쉽게 움직이지 못했어.

오후 2시 50분경이 되자 정인권이 일어서서 부르짖었어.

"오늘을 사는 우리들은 옳은 것은 옳고 그른 것은 그르다고 말할 수 있는 용기가 필요하다. 그것이 우리를 대역사의 증인으로서 부끄럽지 않게 하는 것이다. 이러한 대의를 인식한다면 … 우리의 이상을 과감히 외쳐라!"

　그러자 학생들은 모두 일어나서 함성을 지르며 대열을 지어 교문으로 향했어. 하지만 교문은 굳게 닫혀 있었고 밖에는 전투경찰이 막아서 있었지. 학생들은 교문 앞에 앉아 경찰과 마주보고 있었어. 그러다 대열의 뒤쪽에 있던 학생들이 다시 학교 안의 운동장으로 행진해 갔어. 학생들은 "모이자!"고 외치면서 애국가를 불렀어. 시험을 치고 있던 경남공업전문대 학생들까지 몰려나왔지. 수백 명의 학생들은 어깨를 걸고 운동장을 돌면서 "유신 철폐", "학원 자유", "민주 회복" 등의 구호를 외쳤어. 학생들은 다시 교문으로 행진해 가서 경찰과 맞섰지만 뚫고 나가기는 어려웠어.

　그러자 학생들 속에서 "오후 5시경 3·15의거탑에서 모이자"는 말이 입에서 입으로 전달되었어. 3·15의거탑은 1960년 3월 15일 이승만 독재정권이 저지른 부정선거에 항의하여 일어선 마산 시민들의 의로운 뜻을 기리기 위해 세운 탑이야. 마산의 시민과 학생들에게 이 탑은 마산의 자부심이었지. 학생들은 "3·15의거탑으로!"를 외치며 운동장을 지나 학교 밖으로 빠져나갔어.

　4시 30분경 학교를 빠져나온 200여 명의 학생들은 구호를 외치며 행진하다가 창원군청 앞에서 경찰과 맞부딪쳤어. 경찰의 진압에 밀린 학생들은 산복도로를 따라 수십 명씩 무리지어 달렸지. 여러 갈래의 길을 통해 오후 5시경에 학생들이 3·15의거탑 주변으로 모여들었어. 시내버스를 타고 온 학생들은 인근 정류소에서 내렸어.

　이미 3·15의거탑 주변에는 경찰이 막아서 있어서 가까이 가기도 어려웠어. 흩어져 있는 학생들을 모아 대열을 짓도록 애쓰던 최갑순(국어과 3학년), 옥정애(국어과 3학년) 두 여학생은 경찰에게 난폭하게 끌려가서 고문을 당했지.

　학생들은 3·15의거탑 주변에 모여 어깨동무를 하고 남성동 어시장 도로를 거쳐 양덕동 마산수출자유지역 정문에 가까운 산호동 가야백화점까지 갔다가 오동동으로 되돌아 왔지. 오후 6시경, 학생들은 "유신 철폐", "구속학생 석방" 등 구호를 외치면서 3·15의거탑 근처에 도착해 많은 시

경찰 기동대가 경남대 학생들의 시위를 막기 위해 정문 앞에 바리케이드를 치고 있는 모습. 경찰의 진압에 밀린 학생들은 수십 명씩 무리지어 학교를 빠져나와 3·15 의거탑 주변으로 모여들었어. (사진·김택용·부마민주항쟁기념재단)

민들이 지켜보는 가운데 3·15의거 영령들에게 묵념한 후, 애국가를 부르고 구호를 외치면서 길바닥에 앉아 시위를 시작했어.

10월 18일 밤, 마산의 항쟁

저녁 7시가 조금 지나서 3·15의거탑 근처의 시위대는 남성파출소를 목표로 행진해 갔어. 경찰이 최루탄을 쏘기 시작했고 시위대도 경찰을 향해 돌을 던졌어. 마산의 번화가인 불종거리는 평소에도 사람들로 붐볐는데 시위 소식을 듣고 사람들이 엄청나게 모여들었어. 시민들도 시위에 적극 참가하기 시작했어. 경찰의 최루탄에 맞서 시위대는 보도블록을 깨뜨려 경찰을 향해 던졌지.

"박정희 물러가라!"

"언론 자유 보장하라!"

시위대는 구호를 외치면서 박수를 치기도 했어.

이런 가운데 누군가 "공화당사로 가자!"고 외쳤어. 공화당은 당시 박정희 대통령이 총재로 있던 정당이었어. 시위 군중들은 즉각 산호동에 있던 공화당 당사를 향해 서서히 밀려가기 시작했지. 대열의 선두에서 "유신" 하고 외치면 뒤에서 "철폐" 하고 소리쳤어. 시위대 사이에서 누군가 "경찰이 옥상에서 사진을 찍는다!"라고 소리치자 사람들은 주변 가게들을 향해 "불 꺼라!"고 외쳤어. 사진을 찍히지 않으려는 자기 보호 본능이지. 불이 켜진 곳으로는 돌멩이가 날아갔어. 사람들의 외침과 돌멩이에 놀란 시민들은 재빨리 불을 끄고 가게 셔터를 내렸어. 삽시간에 시내가 깜깜한 어둠 속에 잠겨 버렸지.

　시위 대열이 차도로 행진해 가자 버스들이 움직이기 어려웠어. 마산수출자유지역과 창원공단에서 퇴근하던 노동자들도 통근버스나 시내버스에서 쏟아져 나와 시위 대열과 뒤섞이고 합세하기도 했어. 저녁 7시 25분경 시위대가 오동동 다리에 이르자 경찰 수십 명이 도로를 막고 있었어. 경찰들은 엄청난 사람들을 보고는 겁을 먹고 경찰 트럭을 버려두고 급히 달아나 버렸지. 시위대는 트럭을 밀어 다리

아래 오동천 바닥으로 처박아 버리고 박수를 치며 환호성을 질렀어.

시위대는 계속 어두운 거리를 행진하여 저녁 8시경 산호동 용마맨션 2층에 있는 공화당 경남 제1지구당 당사에 도착했어. 시위대는 돌을 던져 공화당사의 유리창을 깨뜨렸어. 또 셔터를 부수고 현판을 떼어서 석유를 뿌려 불 질러 버렸어. 시위대는 계속 행진하여 저녁 8시 10분경 양덕파출소로 갔어. 경찰은 모두 도망가 버리고 시위대는 벽에 걸려 있던 태극기와 박정희 대통령의 초상화를 떼 와서 태극기는 높이 받들고 박정희의 사진은 찢어서 불태웠지. 그러고서 시위대는 애국가를 부르며 태극기를 앞세우고 산호동 방면으로 행진해 갔어.

한편 시내 중심가 창동네거리, 부림시장, 서성동 분수로터리, 3·15의거탑 등지에서는 수백 명의 시위대들이 경찰과 맞서고 있었어. 밤 9시경, 시위대 속의 일부 청년들이 "잡힌 애들을 구하자!", "마경(마산경찰서)으로 가자!"고 소리치자 시민들이 호응하여 함성을 지르며 마산경찰서로 향했

마산 산호파출소 피해 상황. 시위대는 산호동에 있는 공화당 당사로 몰려가 돌멩이를 던져 유리창을 깨고 현판을 떼어 불태우기도 했어. (사진·김택용·부마민주항쟁기념재단)

어, 경찰이 막아서자 누군가가 길가에 세워져 있던 버스에 올라타 운전대를 잡았지. 시위대가 뒤에서 버스를 밀고 버스가 경찰을 향해 빠르게 움직이자 경찰은 황급히 피했고, 버스는 길가의 상점을 들이받고 멈추었어.

시위대는 애국가를 부르면서 마산경찰서로 행진해 갔어. 10시 10분경 시위대는 자산파출소에 돌을 던지고, 마산시청에 도착하여 구호를 외치고 유리창을 파손했지. 마산시청 맞은편에 있던 세무서에도 돌이 날아갔는데, 상인으로 보이는 사람들이 주먹을 치켜들고 "부가가치세를 철폐하라!"고 외치기도 했어. 부가가치세는 1977년부터 정부가 거두어들인 세금인데, 상인들과 소비자들에게는 무거운 부담이어서 불만이 많았어.

10시 20분경 시위대는 마산소방서 앞을 지나면서 역시 돌팔매질을 했는데, 시위 진압에 소방차가 동원된 데 불만이 있었어. 시위대는 "경찰서에 잡혀 있는 사람들을 구하자!"고 외치면서 10시 30분경, 마산경찰서 앞에 도착했지. 그러자 경찰은 최루탄을 쏘았어. 시위대는 돌멩이를 던지다가 정부의 광고물인 아치 모양의 나무틀을 넘어뜨려 경찰과 맞서며 도로에 앉아 시위했지.

"구속 학생 석방하라."

"박정희 물러가라."

"김영삼 만세!"

"언론 자유 보장하라!"

시위대는 함께 구호를 외쳤어. 가을비가 약간씩 내리는

가운데 시위대는 '애국가', '우리의 소원은 통일' 등의 노래를 목이 쉬도록 불렀어.

이날 자정이 넘어서까지 마산의 시민과 학생들은 공화당사, 마산경찰서, 시청뿐 아니라 전신전화국, MBC 방송국, KBS 방송국, 검찰청(부산지검 마산지청), 법원(부산지법 마산지원)과 남성, 양덕, 회원, 자산 등 8곳의 파출소를 공격했어. 일부 파출소는 2, 3번씩 연거푸 돌팔매질을 당하거나 불에 타기도 했어. 특히 박정희 대통령의 경호실장을 하면서 위세가 대단했던 공화당 국회의원 박종규의 집이 두 번씩이나 돌팔매질을 당했던 것은 유신 독재 권력에 대한 시민들의 분노가 얼마나 컸는지를 잘 보여주었지.

계엄령도 없이 마산에 들어온 군인들

이날 밤 10시경 39사단 군인 580여 명이 마산으로 출동했어. 당시 육군본부는 긴급조치 9호와 위수령을 근거로 지방장관이 요청하면 군대를 출동시키라는 명령을 각

부대에 내리고 있었어. 하지만 경남도지사는 군대를 요청하지 않았어. 그러니까 39사단은 법에 정한 요건을 어기고 멋대로 군대를 움직여 시민들의 시위를 진압했던 거야. 계엄령도 없이 계엄행위를 한 거지. 그들은 마산시청, 마산경찰서 등 8곳을 지키는 한편으로, 시위하는 시민들을 닥치는 대로 붙잡아 갔어.

10시 55분쯤에는 전차 3대가 마산 시내에 나타났어.

11시경에는 진해에 있던 군인 150여 명이 출동했어. 이들은 19일 새벽 1시경까지 경찰과 함께 골목골목을 뒤지고 다니면서 청년들만 보면 무조건 때리며 끌고 갔어.

마산 시민 유치준 씨의 사망

10월 18일 밤에 마산 시민 유치준 씨가 사망했어. 유치준 씨는 6·25전쟁 때 피난 온 실향민으로 당시 마산수출자유지역 안의 건설공사 현장에서 일하던 노동자였어.

그는 그날 오후 6시경 퇴근한 후 집으로 가지 못하고 다음날 새벽 5시경 마산시 산호동의 길가에서 주검으로 발견되었어. 그의 주검이 발견된 곳은 그날 초저녁부터 자정에 이르기까지 마산 시민들과 진압하는 군경 사이에 격렬한 충돌이 벌어졌던 장소와 아주 가까웠어.

주검이 발견될 당시 모습은 왼쪽 눈에 멍이 들고 통통 부은 코와 입에서 피를 흘리고 있었다고 해. 뿐만 아니라 경찰이 유치준 씨의 주검을 처리하면서도 사건을 감추려 한 정황이 드러났어. 당시 유치준 씨의 주검을 처리한 행정 문서인 '검시사건부'를 보면 경찰은 책임자인 검사에게 거짓 보고를 했어. 유치준 씨는 주민등록증을 몸에 지니고 다녔기에 경찰이 처음부터 그의 신분과 사는 곳을 알 수 있었는데도 그런 것을 알 수 없는 행려사망자로 보고했어. 행려사망자란 일정한 거처가 없이 객지로 떠돌다가 병으로 사망한 사람을 말해.

마산경찰서는 10월 19일 부산지검 마산지청 담당 검사에게 변사자 발생 보고를 했고, 검사는 '사체 부검하여 사인 규명 후 행정 처리할 것'을 지시했어. 그리고 다음날인 10

월 20일 마산경찰서는 검사에게 '타살 혐의 없음, 사체 유족에 인도'라고 보고했어.

그런데 유족이나 이웃의 증언에 의하면 유치준 씨의 주검은 10월 20일이 아니라 그보다 훨씬 많은 시간이 지난 11월 초에 유족에게 인계되었어. 그러면서 유족에게 인계된 시간이 늦어진 이유가 유치준 씨의 주민등록증이 도시락 통 안에 들어 있어서 늦게 발견했기 때문이라고 변명했어. 도무지 이치에 닿지 않는 말이잖아?

경찰은 왜 이렇게 검사에게도 거짓 보고를 하면서 유치준 씨의 죽음을 감추려 했을까? 그 이유가 짐작되는 사정이 있어. 1979년 10월 19일에 있었던 계엄 업무와 관련한 간담회에서 국방부 차관이 "국무회의에서 계엄업무 수행 시 사망자가 발생할 경우 이유 여하를 막론하고 대외비로 하고, 유언비어를 막을 수 있는 대책을 세우고 발설자는 체포하여 최종 발표 시에 해명하도록 하라"는 지시가 있었다고 말했어. 또 문공부 차관은 "흑색선전을 막기 위하여 사망자가 발생하더라도 절대 보도하여서는 안 되며 계엄

종결 이후 알려지면 발표하라"고 지시했다는 거야. 이러한 유신 정부의 방침이 있었기에 유치준 씨의 주검을 감추려고 경찰이 애쓴 것이라고 보아야겠지.

유치준 씨의 억울한 죽음은 오랫동안 묻혀 있다가 부마민주항쟁 진상규명 및 관련자 명예회복 심의위원회의 조사를 거쳐 2019년 9월 5일에 부마민주항쟁과 관련한 죽음으로 인정을 받게 되었지.

10월 19일 마산의 항쟁

다음날 날이 밝았을 때 마산 시가지에는 온통 깨진 유리 조각과 돌멩이, 벽돌, 각목 등이 널려 있었어. 시청과 경찰서, 방송국 등에는 총검을 든 군인들이 지키고 곳곳에 장갑차가 버티고 있는 살벌한 분위기였지. 시민들은 심각한 얼굴로 어제 벌어진 일에 대해 대화를 나누었고, 그 엄청난 일을 보도하지 않는 언론에 분통을 터뜨리기도 했어.

오전 11시 5분에 내무부는 장관의 지시로 마산, 창원 일

불순분자가 인명 살상용 사제 총기를 발사하고 달아났다고 발표하는 최창림 마산 경찰서장. 정부는 마산의 의로운 항쟁을 '불순분자들의 폭동'으로 몰아붙이려고 했어. (사진·김탁돈·부마민주항쟁기념재단)

대에 통행금지 시간 연장을 발표했어. 본래 밤 12시부터 다음날 새벽 4시까지였던 통행금지 시간을 밤 10시부터 앞당겨 실시한다는 거야. 그리고 매월 25일 열던 반상회를 갑자기 앞당겨 이날 오후 6시부터 열어서 부산과 마산에서 일어난 의로운 항쟁을 '불순분자들의 폭동'이라고 몰아붙이고 이를 막아야 한다고 겁박했어.

이날 저녁 6시경부터 경찰은 3·15의거탑 주변과 남성파출소 네거리에 경찰을 배치하고 김해, 의령, 함안, 창녕, 거제, 고성, 남해 등 경남 일대의 여러 지역에서 경찰들을 불러와서 파출소를 중심으로 마산시내 전체에 진압부대를 그물처럼 펼쳐놓았어.

밤 8시가 되자 3·15의거탑 뒤편에 수백 명의 시위대가 모여 '애국가'를 부르며 시위를 시작했어. 그들은 장갑차에 돌을 던지며 군인들의 진압에 저항했지. 이 무렵 가까운 창동, 불종거리, 오동동 일대의 상가나 유흥업소는 문을 닫은 곳이 많아 거리는 무척 어두웠어. 그런데도 시민들은 어둠 속에서 삼삼오오 모여 무언가를 기다리고 있었어.

8시 20분경, 창동 네거리에서 10여 명의 청년들이 "와" 하고 함성을 지르면서 나서자 순식간에 대열이 만들어지면서 남성파출소를 향해 내달렸어. 시위대는 남성파출소를 공격했으나 경찰이 최루탄을 쏘며 밀고 나오자 오동동 쪽으로 이동했지.

한편 불종거리 일대의 시민들은 '우리의 소원은 통일'을 부르면서 경찰의 최루탄 공격을 뚫고 서성동 분수로터리로 행진했어. 시민들은 "타도! 타도!"라는 구호를 외치며 경찰의 최루탄 공격에 맞서 돌멩이를 던지고 각목을 휘두르며 돌진했지. 시위대의 기세에 눌려 경찰은 마산 MBC 방송국 앞까지 밀려났어. 시민들은 "언론 자유 보장하라!"는 구호를 외치며 마산 MBC 방송국에 돌을 던졌어.

9시 15분경 경찰과 군인의 합동부대가 공포탄을 쏘면서 총공세로 나오자 시위대는 흩어지기 시작했어. 그래도 남은 수백 명의 시민들은 북마산파출소와 3·15의거탑 사이의 도로를 오가면서 시위를 계속했지. 이처럼 시위가 곳곳에서 일어나자 8시 55분경에는 진해의 해군 군인들 270여 명과 장갑차 3대가 더 마산으로 들어왔어.

밤 9시가 넘자 북마산파출소와 북마산역에 약 700여 명의 시민이 모여 회원동 방향으로 행진하며 시위를 벌였고, 9시 30분경에는 고등학생이 포함된 300여 명의 시위대가 회원동 쪽에서 북마산파출소 방향으로 이동했어. 이 시위대는 진압부대와 맞서 싸우다가 흩어지면서 경찰차량에 돌을 던지기도 했어.

10시 30분경부터 11시 20분 사이에는 80여 명의 시위대

마산의 민주항쟁 지도

가 회원동 상가시장에서 석전동까지 행진했지. 10시 46분경 200여 명의 시위대가 북마산파출소 앞에 집결하여 경찰과 맞서다가 흩어졌는데 이들은 북마산 일대 여기저기서 시위를 벌였어. 이들 중에는 부산에서 넘어왔다고 말하는 청년들도 있었다고 해. 10시 50분경 북마산파출소에서 밀려난 시위대 일부는 성호동 철도건널목과 성호동사무소 부근에서 경찰과 맞서 돌을 던지기도 했어.

앞당겨진 통금시간 10시가 넘어가면서 시민들이 대부분 귀가했지만, 시위대는 흩어졌다 모였다 하면서 여기저기서 시위를 계속했어.

시위 중 한 청년은 경찰에 쫓겨 달아나다가 어떤 선술집으로 뛰어 들어가 주인아주머니에게 "내 좀 살려 주이소!" 했어. 아주머니가 방안으로 빨리 들어오게 해서 청년이 이불을 둘러쓰고 누워 있는데 경찰이 잡으러 들어왔어. "방금 누가 들어오지 않았느냐? 방안에 누구냐?"고 묻자 아주머니가 "남편이 아파서 누워있는데요"라고 하자 경찰이 나갔다고 해. 덕분에 청년은 무사할 수 있었지.

11시가 넘으면서 제일여고 부근, 자산동 학생과학관, 두월동, 오동동, 산호동 일대, 북마산파출소 부근, 자산동 몽고간장 부근 등에서 시위가 계속되다가 자정이 되어서야 끝이 났어. 시민들은 흩어지면서 "내일 또 봅시다!" 하고 외쳤어.

　이날 밤의 시위에는 대학생들보다는 주로 10대 후반, 20대 초반의 노동자들이 많이 참여했고 고등학생들도 일부 가담했다고 해. 경찰은 차를 타고 돌아다니면서 시위를 진압했고, 군인들은 골목길을 훑고 다니면서 청년들만 보이면 끌고 갔어. 시위에 참여한 어떤 고등학생은 집에 가기 어렵게 되자 인근 초등학교 교실로 들어가 커튼을 뜯어 덮고 자기도 했다고 해.

제2부

부마민주항쟁이 바꾼 우리 역사

10·26사건 – 궁정동에서 울린 총소리

부마민주항쟁은 부산에 계엄령을 내리고 마산에는 위수령(10월 20일 정오)을 내려 군인들이 출동해서야 수그러들었어.

위수령이란 '육군 부대가 한 지역에 계속 주둔하면서 그 지역의 경비, 군대의 질서 및 군기 감시와 시설물을 보호하기 위하여 제정된 대통령령'인데 지금은 헌법에 위배되는 법령이라 폐지되었어.

경찰과 군인들은 부산 시민들 1,058명, 마산 시민들 505

부산시 일원에 대한 계엄령 선포를 발표하는 김성진 문화공보부 장관. 정부는 군대의 무력을 동원해 시민들의 항쟁을 막으려 했어. (사진·김탁돈·부마민주항쟁기념재단)

명을 붙잡아 가두고 혹독한 조사를 하기 시작했지. 얼핏 보기에는 부마민주항쟁은 군대의 무력 앞에서 끝난 것 같았어. 하지만 이게 끝이 아니었어. 진짜 반전은 이제부터 일어나.

이제부터 우리는 김재규라는 인물을 주목할 필요가 있어. 김재규는 당시 박정희 대통령에 이어 두 번째로 막강한

장갑차를 비롯한 군인들이 관공서를 지키고 있는 모습. 부마민주항쟁은 부산에 계엄령을 내리고 마산에 위수령을 내려 군인들이 출동해서야 수그러들었어. (사진·김탁돈·부마민주항쟁기념재단)

권력을 가진 중앙정보부장이었어. 중앙정보부장은 나라 안팎에서 일어나는 중요한 사건들의 정보를 모아서 분석하고 이것을 대통령에게 보고해야 했어. 그래서 부마민주항쟁이 일어났을 때 김재규는 직접 부산으로 가서 그 모습을 지켜봤어.

그가 봤을 때 부산에서 일어난 사태는 박정희 대통령이 말하는 것처럼 일부 지각없는 학생들과 불순분자들이 일으킨 것이 아니었어. 그것은 유신 체제의 잘못된 정치와 경제정책 등으로 인해 고통받는 거의 모든 시민들의 분노가 폭발한 민란이라고 생각했어. 박정희 대통령은 유신 체제가 지난 7년 동안 효율성과 정당성이 입증된 정치체제라고 담화문에서 말했어. 하지만 국민들은 전혀 그렇게 느끼지 않음을 부마민주항쟁이 보여주었다고 생각했어.

김재규는 서울로 올라와서 박정희 대통령을 만났어. 그 자리에는 차지철 경호실장도 있었는데, 차지철은 당시 박정희 대통령의 총애를 받아 오만하기 이를 데 없었어. 차지철은 김재규 중앙정보부장도 업신여겼지. 김재규는 박정희 대통령에게 자신이 부산에서 보았던 부마항쟁의 모습을 전하고, 이 항쟁이 곧 다른 대도시에도 번질 가능성이 크기 때문에 근본적인 대책을 세워야 한다고 보고했어.

하지만 박정희는 김재규의 말을 믿지 않았지. 박정희는 부마민주항쟁 직전에 국회에서 제명시켜 버린 신민당 총재 김영삼의 조종으로 일어난 것으로 생각했어. 그 위에 한술 더 떠서 차지철은 캄보디아처럼 데모하는 학생이나 시민들 몇 백만이라도 죽여 버려야 한다는 끔찍한 말을 했고 박정희는 그것을 두둔했지. 절대 권력을 가진 박정희가 그런 생각을 한다면 앞으로 무서운 참극이 빚어질 수 있다고 김재규는 생각했어.

사실 부마민주항쟁 직전에 일어난 김영삼 신민당 총재의 국회 제명은 부마민주항쟁이 일어나는 데 촉매제의 역할을 한 것은 사실이야. 하지만 부마민주항쟁이 신민당의 조종으로 일어났다는 것은 전혀 사실이 아니야. 김영삼 총재의 제명이 부산, 마산 시민들의 분노를 불러일으킨 것은 사실이지만, 신민당이 시위를 일으키기 위해 한 일은 아무

것도 없어. 게다가 부산, 마산 시민들을 더 화나게 한 일은 또 있어.

김영삼 총재를 제명하기 한 달 전쯤에 신민당의 일부 사람들이 법원에다가 '신민당 총재 직무정지 가처분 신청'이란 것을 냈어. 이것은 1979년 5월에 있었던 신민당 총재 선거에 소수의 자격 없는 대의원들이 끼어 있었기 때문에 잘못된 선거였고, 그래서 잘못된 선거로 당선된 김영삼의 총재로서의 직무를 정지시켜 달라는 거야. 독재권력의 위세에 눌려 지내던 법원은 이 신청을 받아들여 총재 직무를 정지시켜 버렸어.

그래 놓고서 당시 국회에서 박정희 대통령의 거수기 노릇을 하던 유정회와 공화당의 국회의원들은 힘을 합쳐 김영삼 총재의 국회의원 자격을 박탈해 버렸어. 그것이 제명이야. 그 이유는 김영삼 총재가 당시 미국의 한 신문사와 회견을 하면서 미국이 박정희 정부를 지지해서는 안 된다는 발언을 했다는 것이었어. 김영삼 총재의 국회의원직이 강제로 박탈되자 신민당과 통일당 등 야당 국회의원들이 이에 항의하여 한꺼번에 사표를 던졌어. 이런 불법 무도한 국회에서 더 이상 국회의원 노릇을 못하겠다고 한 거지.

그런데 당시 유정회와 공화당에서는 어떤 의논을 했는가 하면 야당 국회의원들이 낸 사표를 골라서 받아들이겠다는 이른바 '선별수리론'이란 거야. 쉽게 말하면 자기들이 봐서 말 잘 듣는 의원들의 사표는 다시 돌려주어서 국회의원 노릇을 하게 하고, 말 안 듣는 의원들의 사표는 그대로 받아들여서 못하게 하자는 거야. 이렇게 오만방자한 짓을 하는데 누군들 분노하지 않을 수 있겠니?

부산과 마산 시민들은 이런 독재정치뿐 아니라 힘들게 일해도 많은 시민들이 가난하게 살아야 하는 것을 참기가 어려웠어. 박정희 대통령은 경제가 성장하면 그 열매를 골고루 나눌 것이라고 했지만 그 약속은 기약 없이 미루어졌어. 이런 것들이 합쳐져서 부마민주항쟁이 일어났는데 박정희 대통령은 너무나 현실을 몰랐고 자신에게 반대하는 사람들을 힘으로 억누르면 된다고만 생각하고 있었어.

김재규 중앙정보부장의 현장검증 모습. 1979년 10월 26일, 김재규는 부마항쟁의 심각성을 가볍게 여기는 박정희 대통령과 차지철 경호실장을 총으로 쏘아 죽였어. (사진·연합뉴스)

김재규 중앙정보부장, 박정희 대통령을 쏘다

김재규는 이런 상황 앞에서 깊은 고민에 빠졌어. 앞으로 일어날 사태를 생각하면 두렵기만 했지. 더 이상 참지 못하겠다는 국민들과 자기를 반대하는 국민들을 무력으로 탄압하겠다는 절대 권력자가 충돌한다면 많은 사람들이 피를 흘릴 것은 너무나 뻔한 이치가 아닌가? 그것은 부마민주항쟁이 분명하게 보여주지 않았던가?

그런 고민의 하루하루가 이어지던 10월 26일 오후 4시, 김재규는 차지철의 전화를 받았어. 오후 6시에 궁정동에서 박정희 대통령이 대행사를 갖는다는 것이었어. 궁정동에는 중앙정보부가 관리하는 집(안전가옥)이 있었지. 그곳에서 대행사를 한다는 것은 대통령이 측근들을 여럿 데리고 술자리를 연다는 뜻이었지.

김재규는 가장 믿을 수 있는 심복부하들에게 오늘 밤 대통령을 쏠 것이라고 말하고 필요한 준비를 명령했어. 박정희 대통령은 그날 저녁 젊은 여자 둘을 옆에 앉히고 술자리를 벌였어. 여자 한 사람은 유명한 가수였고 한 사람은 여대생이었지. 그 자리에 대통령 비서실장 김계원, 경호실장 차지철 그리고 김재규가 함께 앉았어. 술자리가 무르익어 가는데 대통령이 김영삼과 부마항쟁 이야기를 꺼냈어. 대통령의 생각은 10월 18일 김재규가 청와대에 가서 부마항쟁에 대한 보고를 할 때와 조금도 다름이 없었어.

이 순간 김재규는 마지막으로 결심을 했어. 그리고 잠시 나갔다 들어온 김재규의 총구가 경호실장 차지철과 대통령 박정희를 향해 불을 뿜었지. 김재규는 "야수의 마음으로 유신의 심장을 쏘았다"고 말했어. 박정희 대통령은 병원으로 옮겨졌으나 이미 숨져 있었어. 이로써 박정희 대통령의 절대권력 위에 세워졌던 유신 체제는 무너졌어.

부마민주항쟁은 김재규의 손을 빌어 유신 체제를 무너뜨렸지. 10·26사건은 부마민주항쟁의 마지막 사건이었던 거야.

12·12사태 - 정치군인들의 쿠데타

　박정희 대통령이 죽은 후 대통령 권한대행이 된 최규하는 유신 헌법이 정한 방식으로 대통령에 선출되었어. 그러나 다수의 국민들이 민주화를 바란다는 것을 알기 때문에 남은 임기를 채우지 않고 가능한 빠른 기간 내에 헌법을 개정하고 그에 따라 선거를 하겠다고 발표했지.

　하지만 문제는 정치군인들이었어. 당시 군부는 온건파와 강경파로 나누어져 있었어. 온건파는 유신 체제가 변해야 한다고 생각하고 민주화를 지지하는 장성들이었어. 강경파는 변화를 거부하고 민주화를 불온하게 보는 장성들이었어. 강경파들은 박정희 대통령이 비밀리에 키워 온 '하나회'라는 조직에 속한 군인들이었어. 이 조직은 대통령의 특별한 보호를 받으면서 소속한 군인들에게 권세가 큰 자리와 특별한 혜택을 주었어. 그 우두머리가 전두환 당시 국군 보안사령관이었어.

전두환을 비롯한 '하나회' 군인들은 민주화를 원하는 국민들의 열망이 더 커지기 전에 선수를 쳐야겠다고 생각했어. 그들은 1979년 12월 12일 온건파였던 계엄사령관 정승화 육군참모총장을 대통령의 재가도 없이 체포하고, 군대를 불법적으로 동원하여 반대파 장성들을 제압했어. 이 12·12 쿠데타로 전두환과 '하나회'는 군대의 실권을 쥐었어. 그들은 곧 국가권력을 손아귀에 넣기 위한 계획을 비밀리에 세우고 추진해 나갔어.

동시에 그들은 붙들린 김재규와 그 부하들을 고문, 조사하여 군사법정에서 재판을 진행했지. 결국 그들은 1980년 봄에 전두환 일파가 집행한 사형으로 목숨을 잃었어.

1980년 계엄령 속의 '서울의 봄'

　1980년 봄이 되면서 국민들의 민주화 열망은 점점 더 커져 갔고 민주화를 요구하는 각계각층의 목소리가 터져 나오기 시작했어. 이것을 언론에서 '서울의 봄'이라고 불렀어. 하지만 여전히 계엄령으로 군대가 권력을 틀어쥐고 전두환 일파가 몰래 쿠데타 음모를 꾸미고 있었던 '봄 같지 않은 봄'이었지.
　유신 체제 아래서 정치적 박해를 받던 김대중, 김영삼 등 야당 정치인들의 활동이 자유롭게 되면서 그들은 하루

빨리 유신 헌법을 민주 헌법으로 바꾸어서 국민들이 직접 대통령 선거를 하도록 하자고 주장했어. 유신 체제 아래서 집권당이었던 공화당의 김종필도 그에 찬성했어. 국회에서는 여당과 야당이 합의하여 유신 헌법을 바꾸기 위한 작업이 시작되었어.

유신 체제 아래서 억눌려 왔던 노동자들도 '서울의 봄'을 맞아 목소리를 냈어. 노동조합들은 일제히 임금 인상과 근로조건 개선을 위해 파업, 농성, 시위를 벌였어. 이해 4월 강원도 사북에서 수천 명의 분노한 광부들이 정당한 권리를 요구하며 일어나자 전두환 일파는 군대를 보내 짓밟았어. 일신제강, 인천제철, 동국제강, 부산파이프 등 중화학공장에서도 노동자들의 생존권 투쟁이 일어났지.

대학생들도 3월부터 개강이 되자 어용조직 학도호국단을 없애고 자율적인 학생회를 구성했어. 학생들은 계엄령 철폐와 개헌 등 민주화 조치의 실행을 요구하고 싶었지만 군대가 정치에 개입할 구실을 주지 않으려고 참고 있었어. 하지만 최규하 정부가 민주화를 위한 조치를 계속 미루자

5월부터 거리로 나와 비상계엄령 해제와 민주화를 요구했어.

이때 전두환 일파는 언론을 자기편으로 만드는 공작을 하고 있었어. 당시 신문, 방송은 전두환 일파의 요구대로 국민들의 민주화 요구를 국가 안보를 위태롭게 하는 행위인 것처럼 보도했어.

5월 15일에는 대학생 시위가 전국으로 확대되어 서울의 35개 대학교, 지방의 24개 대학생들이 거리로 나왔어. 서울역 광장에는 무려 10만여 명으로 추정되는 인파가 모였지. 대학생들은 "비상계엄 해제", "언론 자유 보장", "노동3권 쟁취" 등을 외쳤어.

학생들이 이렇게 많이 모였지만 시민들의 참여는 적었어. 언론이 북한의 도발이 걱정된다는 보도를 계속한 게 큰 원인이었어.

5·17군사쿠데타

전두환 일파는 서울 가까운 곳에 많은 군대를 이동시켰어.

서울역 광장에서 학생 지도자들은 시위대를 청와대 앞으로 이끌고 가자는 주장과 군대의 정치 개입을 피하려면 학교로 돌아가 지켜보자는 주장이 맞섰지. 결국 대학생들은 학교로 돌아갔어.

그러자 전두환 일파는 곧바로 5월 17일 자정부터 비상계엄 확대 조치를 하면서 국회를 해산하고 야당 정치인, 민주화운동가, 학생운동 지도자들을 모조리 잡아들였어. 이것이 5·17군사쿠데타야. 전두환을 대통령으로 만들기 위한 정치군인들의 쿠데타는 12·12쿠데타에 이어 또 한 번 감행되었던 거야.

5·18민주화운동

 전두환 일파의 5·17군사쿠데타에 서울을 비롯한 대부분의 지역이 무너졌지만 광주는 달랐어. 1980년 5월 18일 전남대학교 정문 앞에서 학생 200여 명과 공수부대 사이에 충돌이 일어났어. 학생들은 부마민주항쟁 때처럼 시내로 나가서 시민들과 함께 싸워야 한다고 생각했어. 그래서 광주의 중심지 금남로로 나가서 구호를 외치며 시위를 벌였어.

"비상계엄 해제하라!"

"김대중을 석방하라!"

"전두환은 물러가라!"

전두환 일파는 공수부대를 더 많이 보내 학생과 시민들을 잔인하게 짓밟았지. 그러면 무서움에 질린 학생과 시민들이 더 이상 싸우지 못할 것이라고 생각했지. 하지만 광주 시민들은 기가 죽지 않았어.

5월 19일에는 광주 전체로 시위가 번졌고 시민들도 더 많이 합세했어. 5월 20일에는 택시 기사들과 트럭, 버스 운전사들도 차를 몰고 도청 앞으로 몰려와 시위를 벌였어.

이런데도 전두환 일파가 틀어쥐고 있던 언론들은 이 상황을 보도하지 않았어. 분노한 시민들은 20일과 21일 MBC와 KBS의 지국에 불을 질렀지.

5월 21일, 전남도청 앞에서 계엄군은 시위하는 시민들을 향해 일제히 사격을 해서 많은 사람들이 다치고 죽었어.

군대가 총을 쏘는데 시민들도 맨주먹으로 싸울 수는 없어 무기를 구해 시민군을 조직했어. 그러자 공수부대는 일단 광주시 밖으로 물러났어.

시민들은 스스로 평화롭게 질서를 유지했어. 범죄도 거의 없었어. 물자가 부족했지만 사재기도 없었어. 시민들은 '수습대책위원회'를 만들어 정부와 대화로 문제를 풀어 가려 애썼어. 하지만 전두환 일파에 매수된 언론들은 5·18민주화운동을 폭동으로 못 박고 광주가 폭동으로 무법천지가 되었다고 떠들었어.

전두환 일파는 결국 5월 27일 더 많은 군대를 보내 광주를 짓밟고 점령했어. 2006년 광주시가 밝힌 데 따르면 5·18민주화운동으로 죽은 시민들은 166명, 행방불명된 시민이 64명, 부상자는 3,139명이었어.

민주주의를 짓밟고 국가권력을 빼앗으려는 정치군인들의 쿠데타에 맞서 용감하게 싸웠던 광주 시민들은 외롭게 죽어 갔어. 그들은 비록 졌지만 항복하지 않고 당당하게 싸웠어. 민주화를 염원하던 많은 국민들은 광주 시민들과 함께 싸우지 못해 부끄럽고 죄스러웠어. 그래서 5·18민주화운동을 덮어 버리려는 전두환 정권에게 5·18민주화운동의 진상을 밝히라고 요구하며 다시 싸우기 시작했어. 그

5·18민주화운동에 참여한 광주 시민들. 1980년 5월 18일 광주에서는 일어난 시민들의 민주화운동은 전두환 일파가 투입한 공수부대의 총칼에 무자비하게 짓밟히고 말았어. (사진·위키피디아)

싸움은 6월항쟁으로 이어졌고 그 뒤로도 계속되었어.

5·17군사쿠데타와 5·18민주화운동을 거쳐 권력을 틀어쥔 전두환 일파는 허수아비에 불과했던 최규하 대통령을 물러나게 하고 멋대로 헌법을 만들어 제5공화국이란 이름으로 간접선거를 통해 전두환을 대통령으로 만들었어.

전두환 정권이 들어서는 과정에서 숱한 희생들이 생겼지. 전두환 일파는 '개혁'을 명분으로 정치인 800명의 활동을 금지시켰지. 또 언론통폐합이라고 해서 언론사를 최소한으로 줄이고 비판적인 기자들을 모조리 쫓아냈어. 많은 공무원들도 별다른 이유 없이 직장에서 쫓겨났어.

그때 제일 끔찍한 게 '삼청교육대'였어. 계엄 포고령을 내려 뚜렷한 이유도 없이 '불량배'라고 낙인찍은 시민 6만여 명을 붙잡아 그 중에서 4만 명 가까운 사람들을 군부대에서 '순화교육'이란 걸 시켰어. 말이 '교육'이지 폭력과 구타로 생사람을 잡는 것이었지. '순화교육'을 마친 사람들 중 1만여 명 가량은 군부대에서 수개월 간 근로봉사를 해야 했고, 이 중 7,000여 명에게는 재판도 없이 2년 동안 감호처분을 했어. 감호처분이란 사실상의 감옥살이야. 이 과정에서 숨진 사람은 국방부 발표에 따르더라도 50명이나 되었어.

전두환 군사독재는 박정희 군사독재가 키워낸 것이었지. 부마민주항쟁도 5·18민주화운동도 민주주의를 이루기 위해 싸웠지만 전두환 등 정치군인들의 쿠데타를 막지 못했어. 하지만 그 싸움에서 뼈저린 경험을 한 우리 국민들은 6월항쟁과 그 후에도 계속된 노력으로 결국 군사독재를 몰아내었지.

6월항쟁

　전두환 일파의 폭압 정치에 숨죽여야 했던 국민들과 민주화운동 세력은 1985년 2월의 총선거를 고비로 일어서기 시작했어. 당시 정치 판도는 집권당인 민정당이 압도적 다수파였고, 제1야당 민한당과 제2야당 국민당은 모두 전두환 일파가 만든 정당이었지. 여기에 김영삼, 김대중 등의 야당 지도자들은 힘을 모아 신한민주당(신민당)이라는 새로운 야당을 만들어 선거에 뛰어들었어. 이 선거에서 신민당은 놀랍게도 지역구 50석, 전국구 9석을 차지했고, 민한당은 지역구 26석, 전국구 9석을 얻었는데 곧 신민당에 흡수되어 버렸어.

이때부터 신민당은 대통령 직선제 개헌을 요구하면서 싸웠어. 제5공화국 헌법에 정해진 대통령 선거는 1987년에 치러지는데 2년 밖에 남지 않았거든. 대통령 직선제 개헌이란 대통령을 국민이 직접 선거하는 제도로 헌법을 바꾸자는 거야.

이 무렵부터 노동자들도 부당하게 쫓겨난 사람들을 다시 받아들이고 잘못된 노동법을 바꾸라고 싸웠어. 그러면서 노동운동이 활발하게 일어났지. 학생들도 민주화를 요구하는 시위를 자주 벌이면서 우리 사회를 보다 근본적으로 바꾸어 내기 위해 고민했어. 민주화운동가들도 민주통일민중운동연합(민통련) 같은 단체를 만들어 민주화운동을 힘 있게 밀고 나갔어. 1980년대의 민주화운동은 1970년대의 민주화운동을 이어 갔지만 더 조직적이고 많은 사람들이 참여했어.

신민당의 직선제 개헌운동은 1986년 2월부터 본격화되는데 민주화운동 세력과 연대하여 국회 밖에서 싸우기 시작했어. 민주화운동 세력은 개헌추진 운동을 단순히 정치적 민주화를 넘어 민중운동, 반외세민족자주운동과 연결하여 근본적인 사회개혁으로 가려 했어. 그러나 신민당은 그것을 반대했어.

1986년 5월 3일 인천에서 벌어진 개헌추진위원회 경기지부 결성식에서 야당은 집회를 포기한 반면 대학생, 노동자, 민주인사들은 경찰과 격렬한 싸움을 벌였어. 이 사건을 거치면서 신민당은 집권 세력과의 타협을 통한 개헌으로 방향을 잡았어.

1986년 6월 국회에서 헌법개정특별위원회가 만들어지고 여당과 야당 사이에 개헌 논의가 시작되었어. 여기서 야당인 신민당은 대통령 직선제를, 여당인 민정당은 내각책임제를 주장했어. 그러자 협상은 깨지게 되었는데 신민당 일부 간부들이 내각책임제를 주장하기 시작했어. 그렇게 되자 김영삼, 김대중과 대부분의 신민당 국회의원들이 신민당을 탈당하고 1987년 5월 통일민주당을 만들었어.

이제 개헌을 둘러싸고 전두환 정권과 야당 그리고 민주화운동 세력의 충돌은 피할 수 없게 되었지.

전 국민이 일어선 민주항쟁

이런 상황에서 1987년 1월 경찰이 서울대 학생 박종철 군을 고문하다 죽게 한 사건이 일어났어. 이 사건은 많은 국민들의 슬픔과 분노를 불러일으켰지. 진상을 밝히고 책임자를 처벌하라는 집회와 시위가 전국에서 일어났어.

이해 4월에는 전두환이 야당과 합의가 되지 않으니 개헌 논의를 중단하고 현행 헌법을 지키겠다고 선언했어. 그러자 각계각층의 국민들이 봇물 터지듯이 반대 성명서를 내었어. 직선제 개헌운동은 다시 힘을 받게 되었지.

이해 5월 27일 서울에서 통일민주당, 종교단체, 민통련 등이 연대한 '민주헌법쟁취국민운동본부'(국본)가 만들어졌어. 이를 중심으로 전두환 정권에 반대하고 직선제 개헌을 지지하는 많은 국민들이 모이게 되었지. 이해 6월 9일에는 연세대 학생 이한열 군이 교문 앞에서 시위를 하다가 최루탄 파편에 맞아 숨지는 사건이 발생했어.

그런데도 전두환 정권은 헌법을 바꾸지 않은 채 대통령 선거를 치르겠다고 6월 10일 노태우를 차기 대통령 후보로 추대했어. 이날 국본은 서울을 비롯한 전국 22개 도시에서 '박종철 군 고문살인 조작·은폐 규탄 및 호헌철폐 시민대회'를 열었어. 전국 각지에서 24만여 명의 시민이 집회와 시위를 벌였어.

경찰의 탄압에 맞서 서울 집회에 참여했던 학생과 시민 600여 명은 명동성당으로 들어가 농성을 했지. 명동성당의 농성은 6월 15일까지 계속되었어. 6월항쟁에는 대학생과 생산직 노동자뿐 아니라 '넥타이 부대'라고 불렸던 사무직 노동자와 일반 시민들도 참여했지. 시위는 거의 매일 계속되었어. 명동성당 농성은 투쟁의 상징이었어.

6월 15일 명동성당 농성을 풀면서 항쟁이 약간 소강상태로 들어가자 이번에는 지방의 주요 도시들이 바통을 이어받았지. 부산에서는 학생과 시민들이 6월 16일부터 가톨릭

시위 도중 최루탄 파편에 맞아 숨진 연세대생 이한열의 장례식 모습. 고문으로 숨진 서울대생 박종철과 연세대생 이한열의 죽음은 수많은 사람들을 분노하게 만들었어. (사진·위키피디아)

센터에서 농성을 시작했어. 부산, 대전, 진주 등에서는 경찰버스, 파출소가 불타거나 부서졌어. 서울, 대구, 수원, 인천, 천안 등에서도 격렬한 시위가 일어났어.

6월 18일에는 국본의 결정대로 최루탄 추방대회가 열렸어. 전국 16개 도시 247곳에서 집회, 시위가 있었어. 특히 부마항쟁의 도시 부산에서는 서면 일대에 30여만 명의 시민이 모였어. 파출소 12개소가 파손되고 경찰버스 1대가 불탔지. 시위대는 대형 트럭, 트레일러 10여 대를 빼앗아

연세대생 이한열 군의 장례식에 모여든 수많은 사람들. 군사정권의 무자비한 탄압으로 희생된 두 대학생의 죽음은 결국 온 국민의 가슴속에 민주화운동의 바람을 불러일으켰어. (사진·위키피디아)

타고 200여 대의 택시와 함께 시청으로 돌진했어. 대구, 광주, 인천, 수원, 춘천 등의 대도시와 원주, 진주, 마산, 김해, 성남, 울산, 목포, 대전, 익산, 군산 등지에서도 시위가 있었지. 마치 부마민주항쟁이 전국적으로 일어난 것 같은 모습이었어.

사태가 이렇게 되자 대통령 전두환은 6월 19일 아침 안기부장, 국방부 장관, 3군 참모총장 등을 소집하여 서울, 부산, 대구, 광주, 대전 등지로 군을 이동시키라고 지시했어. 하지만 이 명령은 오후에 대통령 전두환이 미국 대사를 통해 레이건 미국 대통령의 친서를 받은 후 유보되었어.

6월 21일 게스턴 시거 미국 동아시아태평양담당 차관보는 한국 시위사태에 군이 개입하는 것은 적절치 않다며 23일에 한국을 방문, 정치지도자 간의 타협을 촉구했어. 시위가 계속되는 가운데 6월 24일 전두환과 김영삼의 영수회담이 있었지만 타협은 이루어지지 않았어.

회담이 실패하자 국본은 6월 26일 전국적인 국민평화대행진을 선포했지. 전국 34개 도시, 4개 군에서 거의 같은

6·29선언이 실린 신문 보도. 온 국민이 들고 일어선 6월항쟁으로 궁지에 몰린 전두환 정권은 결국 대통령 직선제 도입을 포함한 8개 항으로 된 6·29선언문을 발표하게 됐어.

시각에 동시다발로 진행된 이 행진에는 경찰의 원천봉쇄 방침에도 100여만 명의 시민과 학생들이 참여했어. 이는 우리 역사상 제일 크고 장엄한 시위였어.

이제 궁지에 몰린 전두환 정권은 마침내 6·29선언이란 걸 하게 돼. 1987년 6월 29일 민정당 대표 노태우는 8개

항으로 된 선언문을 발표했어. 선거법을 고쳐 대통령 직선제로 개헌을 하고 정치범(정치적인 이유로 구금된 사람들을 정치범이라고 해)을 석방하며 인권 침해를 시정하고 언론자유, 지방자치제 등을 실시한다는 것이었어.

 6월항쟁은 마침내 승리했어. 하지만 그 승리는 온전한 것이 아니었고 보다 더 곤란하고 어려운 싸움이 기다리고 있었지. 그렇지만 정치군인들이 폭력으로 권력을 마음대로 휘두르던 시대는 이제 막을 내리게 되었어.

 부마민주항쟁의 정신이 5·18민주화운동을 거쳐 6월항쟁에 이르러 비로소 활짝 꽃피기 시작했어.

제3부

부마민주항쟁은 우리에게 어떤 교훈을 줄까?

부마민주항쟁은
우리 역사에 무엇을 남겼나?

유신 독재를 떠받친 유신 헌법

부마민주항쟁은 우리나라 민주주의를 짓밟아 버린 유신 독재를 무너뜨린 위대한 항쟁이었어. 유신 독재가 얼마나 심각하게 민주주의를 짓밟았는지를 한번 생각해 보면 잘 알 수 있어.

유신 독재를 떠받친 것은 유신 헌법이었어. 그런데 이 유신 헌법은 많은 사람들이 함께 생각하고 토론해서 만든 헌법이 아니었어. 박정희와 그의 심복부하였던 중앙정보부장 이후락 등 몇 사람이 쥐도 새도 모르게 비밀스럽게 만든 헌법이야. 박정희 정부의 국무총리였던 김종필조차 사흘 전에 통지를 받았을 정도야. 몰래 유신 헌법을 만든 박정희 대통령은 1979년 10월 17일 갑자기 비상계엄령을 선포하고 군대를 동원했어. 그리고 국회를 해산하고 일체의 정치활동을 정지시켰어. 이것은 집권자(대통령)가 일으킨 쿠데타, 즉 친위쿠데타였지.

　더 심각한 문제는 유신 헌법의 내용이야. 보통 현대 민주국가의 헌법은 국민의 기본권을 맨 앞에 놓고 다음에 의회, 행정부, 법원 등의 순서로 권력 구조를 정해. 국가의 가장 중요한 사항부터 순서대로 헌법에 정해 두고 있는 거지. 그런데 유신 헌법은 통일주체국민회의가 맨 앞에 오고 다음에 대통령, 정부, 국회, 법원의 순서로 되어 있어. 국가권력의 중심에 있는 기관이 국민도 아니고 국회도 아니고 통일주체국민회의와 대통령인 거야. 그런데 사실은 통일주체국민회의란 대통령이 마음대로 움직이는 꼭두각시였기 때문에 대통령이 국가의 중심이란 사실을 유신 헌법은 그 순서에서도 명확하게 보여주고 있지.

유신 헌법에서 통일주체국민회의란 '평화통일을 대비하기 위해 국민의 주권을 넘겨받아 행사하는 국가의 최고기관'이라고 돼 있어. 그런데 대한민국은 민주주의 국가이고 국가의 주인은 국민이야. 주권이란 국민이 가지는 '주인으로서의 권리'야. 그런데 그 국민의 주권을 국민 누구의 허락도 없이 갑자기 통일주체국민회의라는 기관이 대신한다는 거야. 국민들은 하루아침에 자기의 권리를 도둑맞았어.

이 통일주체국민회의가 국민들을 대신해서 대통령을 선출하게 되었고, 국민들은 통일주체국민회의의 대의원들을 선출할 권리만 있어. 그런데 통일주체국민회의 대의원 선거에는 정부를 비판하거나 반대하는 사람은 처음부터 나서지 못해. 중앙정보부가 뒤에서 조용히 주저앉혀. 그래서 통일주체국민회의 대의원들은 유신 체제에 충성하는 사람들만 될 수 있었어. 그들이 대통령을 선출하는데 단 한 표도 반대표가 없었어. 오직 한두 표의 무효표만 나왔을 뿐이야. 거의 100%에 가까운 찬성으로 선출된 박정희 대통령은 행정부는 물론이고 국회와 사법부도 발아래 두었어.

또 유신 헌법에 따르면 국회의원 의석의 1/3은 통일주체국민회의 대의원들의 찬성을 얻어 대통령이 지명할 수 있어. 그러니 국회는 대통령의 정당(공화당)과 대통령이 지명한 의원들(유정회)이 항상 반 이상을 차지하게 되어 있어서 언제나 대통령의 뜻대로 움직였어. 야당(대통령의 정당과 경쟁하는 정당)이 있었지만 기껏해야 1/3에도 못 미치는 의석밖에 없으니 무슨 주장을 하더라도 무시될 뿐이었어.

법관을 뽑아 쓰는 권력도 대통령이 가지게 돼 있어서 법원도 대통령의 시녀 노릇 밖에 못했어. 게다가 유신 헌법은 대통령 임기를 제한하지 않아서 죽을 때까지도 할 수 있었지. 그러니 유신 헌법은 대통령이 아무리 나쁜 짓을 하더라도 법에 따라 바꿀 수 있는 길이 없었어.

유신 독재 정치를 무너뜨린 시민 항쟁

오직 남은 길은 단 하나, 탄압을 각오하고 싸우는 길밖에 없었지. 그래서 많은 대학생, 시인, 소설가, 목사, 신부, 교사, 교수, 언론인들이 유신 체제에 반대하다가 줄줄이 감옥으로 갔어. 더러는 이유를 알 수 없는 죽음을 당하기도 했지.

그런데 시민들은 유신 헌법을 반대하는 사람들의 대열에 쉽게 참여하지 못했어. 왜 그랬을까? 첫째는 보통 시민들은 먹고사는 데 너무 힘이 들었기 때문에 정치에 관심을 갖기도 쉽지는 않았어. 둘째는 유신 체제가 너무나 무서웠기 때문이야.

유신 체제를 지키는 경찰, 중앙정보부, 보안사령부 등의 정보기관이 시민들의 움직임을 몰래 감시하고 있었어. 누군가가 정부나 대통령을 비판하는 말을 하면 득달같이 붙들어 가서 감옥에 처넣거나 죽도록 두들겨 팼어. 감옥에 처넣을 때는 보통 반공법이란 걸로 걸었어. 그래서 시민들이 막걸리 한 잔 마시고 대통령을 욕했다가 징역 사는 걸 빗대어 '막걸리 반공법'이란 말도 생겨났지. 이 시대에는 정부나 대통령을 정당한 이유로 비판하더라도 빨갱이라는 낙인을 찍어서 짓밟아 버렸어.

유신 체제를 비판하려면 고문받거나 감옥 갈 각오가 있어야 했어. 그러니 보통 시민들이 유신 체제를 비판하거나 시위를 할 엄두를 낼 수 있었겠니?

유신 체제에 대한 불만은 커져 갔지만 소수의 대학생, 종교인, 지식인들의 투쟁만으로는 힘이 달렸어. 그런데 부마민주항쟁은 달랐어. 처음에는 대학생들의 시위로 시작했지만 그들이 시내 한복판으로 나오자 이번에는 시민들이 뜨겁게 응원하면서 함께 싸우기 시작했던 거야. 경찰이 시민들을 무자비하게 짓밟자 격분한 시민들은 경찰차를 불태우고 파출소, 경찰서, 동사무소, 도청, 시청 등을 공격했어. 시민들의 용감한 싸움에 겁을 먹은 박정희 대통령은 이 싸움이 전국의 다른 곳으로 번질까 두려웠어. 그래서 서둘러서 부산에 계엄령을 선포하고 군대를 내려 보냈어.

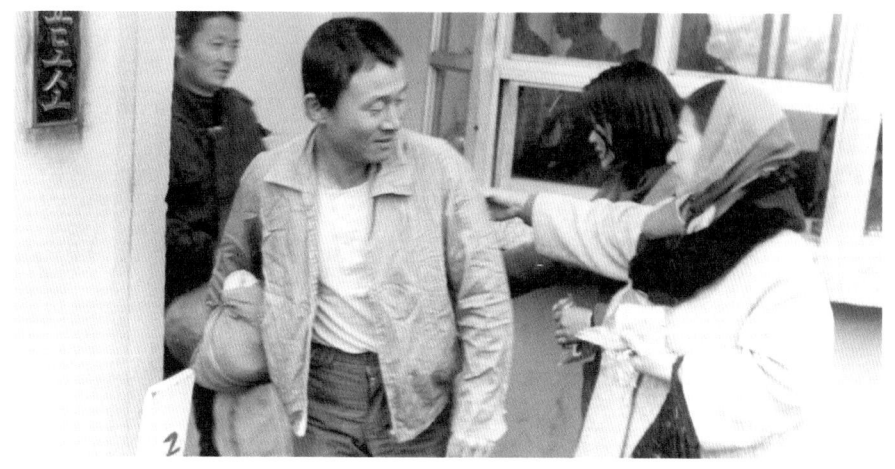

부마민주항쟁 관련자들이 밝은 모습으로 교도소를 나오는 모습. 부마민주항쟁은 우리 현대사에서 가장 강력하고 포악했던 유신 체제를 무너뜨리는 사건이었어. (사진·김탁돈·부마민주항쟁기념재단)

군대 중에서도 가장 악랄한 공수부대가 부산에 와서 학생과 시민들을 닥치는 대로 짓밟았어. 그래도 부산, 마산 사람들은 군대에 맞서 싸웠어.

이런 광경을 지켜본 김재규는 부산, 마산의 항쟁이 곧 전국으로 번져 갈 것이라고 생각하니 끔찍했어. 결국 그는 박정희 대통령을 죽이는 것이 더 많은 시민들의 피를 흘리지 않게 하는 길이라는 생각을 갖게 되었지.

이처럼 부마민주항쟁은 우리 현대사에서 가장 강력하고 포악했던 유신 체제를 무너뜨리는 사건이었어.

우리나라 민주화의 밑바탕이 된 부마민주항쟁

부마민주항쟁으로 유신 체제가 무너지자 숨죽이고 있던 많은 국민들의 마음은 자연스럽게 우리나라가 민주주의의 길로 가야 한다고 생각했어. 생각해 보면 우리나라 국민들은 이승만 정부를 무너뜨린 4·19혁명으로 잠깐 자유와 민주주의의 맛을 보았지만 5·16군사쿠데타 이후에는 무려 18년간이나 제대로 된 민주주의를 경험하지 못했어. 박정희 정부는 걸핏하면 계엄령, 위수령을 내려 무력으로 국민을 내리눌렀고, 부정선거와 여론조작으로 정권을 연장했고, 마침내 유신 헌법을 만들어 민주주의를 짓밟았어.

그동안 우리 국민들은 민주주의를 바라는 마음들을 꼭꼭 가슴속에 묻어 두었어. 왜냐하면 군인들이 나라를 다스리다 보니 그 방법이 너무 거칠고 무서웠기 때문이야. 그리고 박정희 대통령은 국민들의 관심을 온통 먹고사는 일에 붙들어 두었어. 우리 국민들은 오랜 세월 가난에 시달렸기 때문에 가난을 벗어나려는 마음이 간절했지. 박정희 대통령 시절에 경제성장이 빠르게 이루어진 것은 국민들의 피땀 어린 노력이 가장 큰 밑바탕이 되었지. '잘살아 보세'라는 노래도 있지만 우리 국민들은 누구나 어려운 환경에서도 잘살아 보려고 억척스럽게 일했지.

하지만 국민들이 열심히 일하고 노력했지만 그 열매가 골고루 나누어지진 못했어. 박정희 대통령의 경제정책은 큰 기업들을 키워서 수출을 많이 하는 것이었어. 그러다 보니 정부의 혜택은 몇몇 대기업에 집중되었고, 중소기업이나 노동자들은 허리띠를 졸라매야 했어. 박정희 대통령은 떡을 크게 만든 다음에 나누면 된다는 이야기를 했지. '선 성장 후 분배'라는 말이야. 먼저 성장을 많이 한 다음에 나누자는 것인데 그 떡이 나누어지지는 않고 계속 한쪽에만 쌓여 갔어.

국민들은 처음에는 그 약속을 믿었지만 점점 더 믿지 않게 되었어. 시민들이 부마민주항쟁에 참여한 큰 이유도 거기 있었어. 민주주의를 짓밟고 독재를 해도 참고 있었던 것은 무섭기도 했지만 잘살게 해 준다는 말을 믿어 보자는

평화스러운 모습의 부산 시내. 부마민주항쟁은 우리나라 민주화의 밑바탕이 된 자랑스러운 시민항쟁이었어. (사진·위키피디아)

마음도 있었어. 그러나 1979년쯤 가서는 더 이상 그런 말을 믿을 수 없다는 생각들이 커져 갔던 거야. 그리고 더 이상 독재정치를 참아서는 안 된다는 믿음이 널리 퍼져 갔어. 박정희 대통령이 사망한 후 민주주의를 향한 국민들의 마음이 용솟음 친 것은 부마민주항쟁으로 크게 용기를 얻었기 때문이지.

부마민주항쟁을 어떻게 기억해야 할까?

　부마민주항쟁은 이렇게 우리 역사에서 큰일을 했지만 상당히 오랫동안 주목을 받지 못했어. 왜 그런가 하면 부마민주항쟁이 너무 빨리 성공을 거둔 때문이야. 부마민주항쟁이 일어난 지 불과 10일 만에 박정희 대통령의 사망과 함께 유신 체제는 사실상 끝나 버렸지.
　유신 헌법은 그대로 남아 있었지만 누구도 그것이 계속되리라고 생각하지 않았어. 이제 역사는 새로운 페이지를 넘기게 되었어. 그러니 부마민주항쟁은 너무 빨리 과거의 일이 되어 버린 거야. 게다가 부마민주항쟁이 일어났을 때는 신문, 방송 모든 언론이 부마민주항쟁에 대해 제대로 국민들에게 알리지 못했어. 그러니 부산, 마산 시민들을 제외한 많은 국민들이 부산과 마산에서 큰 항쟁이 일어난 것은 간신히 알았지만 자세한 것은 알 길이 없었지. 그러니 기억 속에 제대로 자리 잡지 못한 채 역사의 페이지가 급히 넘어가 버린 거야.

기억해야 할 역사, 부마민주항쟁

부마민주항쟁과 박정희 대통령의 사망으로 민주화의 꿈에 부풀어 있던 국민들의 뒤통수를 치는 사건이 1979년 12월 12일에 일어나지. 12·12군사쿠데타야. 이 반란이 성공하면서 박정희 대통령을 대신해서 전두환 일파가 권력을 움켜쥐었어.

전두환은 군대 안에 감추어져 있었던 하나회라는 비밀 조직의 우두머리였어. 박정희 대통령은 하나회에 속한 군인들에게 높은 자리와 큰 권력을 주면서 자기에게 충성하도록 했어. 그는 자기가 불법 쿠데타로 권력을 차지했기 때문에 자기에게 반역하여 권력을 노리는 군인들이 또 나타날까 두려웠어. 그래서 자기에게 충성하는 세력을 군대 속에 심어 군대를 철저히 감시하고 또 필요할 때 수족처럼 부리려고 했어.

12·12사태 이후 전두환 일파의 군인들과 민주화를 바라는 국민들 간의 싸움이 시작되었고, 다음 해 1980년 5월에 광주에서 일어난 항쟁은 참으로 피비린내 나는 비극이었어. 그 비극은 부마민주항쟁보다 훨씬 엄청난 크기와 모습으로 국민들의 기억 속에 아로새겨졌지.

전두환 일파는 5·18민주화운동도 제대로 보도하지 못하게 막았지만, 워낙 많은 시민들이 죽고 다쳤기 때문에 감추려야 감출 수가 없었어. 진실은 여러 가지 방식으로 사람들 사이에 퍼져 갔어. 5·18민주화운동의 기억이 너무 충격적이었기 때문에 부마민주항쟁은 그에 가려져 버린 거야. 그리고 전두환은 광주 시민들의 피를 손에 묻힌 채 대통령

1979년 유신 체제에 반대하는 부마민주항쟁이 처음 일어난 부산대학교 모습. 이곳에는 현재 부마민주항쟁을 기념하는 민주항쟁탑이 세워져 있어. (사진·국가기록원)

의 자리에 올랐지. 사람들은 5·18민주화운동의 진실을 밝히라고 요구하면서 정말 끈질기게 싸웠지.

그런 가운데 부마민주항쟁은 오랫동안 기억의 수면 위로 떠오르지 못했어. 그러다가 1989년 부마민주항쟁이 일어난 지 10년째 되는 해에 부산과 마산에서 부마민주항쟁에 함께했던 사람들이 기념사업회를 만들고 부마민주항쟁의 기억을 다시 일깨우게 되었지.

그런 노력들이 꾸준히 이어져서 2013년 6월에는 부마민주항쟁의 진실을 밝히고 피해자들을 보상하기 위한 법이 제정되었어. 2014년 10월에는 그 법에 따라 '부마민주항쟁 진상규명 및 관련자 명예회복 심의위원회'가 정부의 기관으로 설치되어 진상 조사와 관련자의 명예회복과 보상을 지금도 하고 있어. 그리고 마침내 부마민주항쟁 40주년이 되던 2019년에 부마민주항쟁이 일어난 10월 16일을 국가기념일로 정해서 매년 성대한 기념식을 하고 있단다.

부마민주항쟁에서 무엇을 배워야 하나?

부마민주항쟁에서 우리들이 배워야 할 것이 무엇일까? 여러 가지가 있겠지만 가장 중요한 것은 우리나라는 민주공화국이고 국민이 나라의 주인이라는 사실을 다시금 깨닫는 일이야. 그런데 국민이 나라의 주인 노릇을 하려면 그냥 머릿속으로 그런 생각을 한다고 되는 게 아니야. 대통령이든 누구든 권력을 가진 사람들이 국민의 심부름꾼이라는 사실을 잊어 버리고 국민을 무시하고 억압하면 분노하고 싸울 용기와 지혜가 있어야 하는 거야.

박정희 대통령이 유신 헌법으로 정치를 하던 시기는 대한민국 역사상 가장 무서운 독재 시대였어. 박 대통령은 유신 헌법으로 국민들의 주권을 빼앗아 통일주체국민회의라는 이상한 기관에 주어 버렸어. 통일주체국민회의에 속한 몇 천 명의 사람들이 국민의 주권을 대신 행사한다는 거야. 이런 엄청난 일을 어느 누구와도 의논한 일이 없이 몰래 정해 놓고 1972년 10월 17일 갑자기 계엄령을 선포해서 군인들이 탱크를 몰고 나와 국민들 앞으로 겨누었어.

모두가 너무 놀라고 무서워서 감히 입을 열지 못했어. 유신 헌법을 받아들일지 말지 결정하는 국민투표를 하기는 했는데 국회도 없애 버렸고 군인들이 지키는 가운데 오직 유신 헌법 홍보만 할 수 있도록 했어. 반대하는 토론은 금지되었기 때문에 아무도 반대한다는 말을 감히 할 수가 없었어. 통장, 반장, 새마을지도자들이 모두 나서서 유신 헌법을 찬성하는 투표를 해야 한다고 사람들에게 겁을 주었지.

투표 결과는 총유권자의 91.9%가 투표하여 91.5%가 찬성했다고 발표했어. 자신의 주권을 빼앗아 생전 들어보지 못한 이상한 기관에 맡긴다고 하는데 국민들이 좋아서 90% 넘게 찬성표를 던졌다는 엉터리 발표를 아무도 믿지 않았지만 그런 말을 입 밖에도 낼 수가 없었어.

그때부터 1979년 10월 부마민주항쟁으로 박정희 대통령이 죽을 때까지 대통령은 절대 권력을 가지고 국민을 억압했고, 국민들은 주권을 빼앗긴 채 말 한마디 못하고 죽어 지내야 했어. 왜냐하면 중앙정보부, 보안사령부, 경찰 등 정보기관들이 사회 곳곳에 거미줄 같은 감시망을 깔아 놓아서 무심코 불평불만을 내뱉었다간 붙들려서 감옥으로 가거나 죽도록 두들겨 맞는 일이 흔했기 때문이지.

이 무서운 시대에 그래도 아닌 것은 아니라고 말해야 한다는 사람들은 극소수였고 그들은 대부분 감옥으로 끌려갔어. 이 시대에 정치적 반대자로 찍혀 감옥으로 끌려가서 형벌을 받는다는 것은 너무나 무서운 일이었어. 감옥살이도 고통스럽지만 감옥을 나와서도 감시를 받아야 하고 가고 싶은 곳을 마음대로 갈 수 없었어. 취직도 하기 어려웠어. 모두가 찍힐까 두려워서 그런 사람을 받아 주는 직장은 없었어. 그러니 먹고살기도 어렵고 이 사회에서 평생 왕따가 되는 거야. 그러니 많은 국민들은 두려워서 감히 잘못된 정치를 비판하거나 맞서 싸울 생각을 하기 어려웠지.

그런데 부마민주항쟁에 나선 국민들은 이전과 달랐어. 그들은 함께 어깨를 걸고 한목소리로 "유신 철폐!" "독재 타도!"라고 외쳤어. 감히 유신 체제를 독재라고 소리친 거야. 그들도 무섭지 않았을 리 없지만 여럿이 함께하면서 용기를 내었던 거야.

박정희 대통령은 곧 군대를 부산과 마산으로 보냈어. 그것도 가장 무시무시한 공수부대를 보낸 거야. 그래도 시민들은 공수부대와 맞서 싸웠어. 비록 맨주먹의 시민들이 공수부대를 이길 수는 없었지만 적어도 굴복하지는 않는다는 것을 보여주려고 했어.

부마민주항쟁에 참여한 부산과 마산 시민들은 폭동을 일으킨 것이 아니었어. 수만 명의 사람들이 시위를 하고 5일 동안이나 어두운 밤중에 시위가 벌어졌지만 범죄가 일

부마민주항쟁 기념탑. 유신 독재 정권에 당당하게 맞서 싸운 부마민주항쟁의 정신은 우리 가슴속에 소중하게 간직하고 다시는 이런 일이 일어나지 않도록 해야 해. (사진·위키피디아)

어나지 않았어. 부산의 국제시장 부근과 마산의 부림시장 부근 등 물건을 파는 상점들이 많은 곳에서 시위가 일어났지만 물건을 훔치거나 빼앗는 일 따위는 일체 없었어. 시민들이 공격한 곳은 파출소, 경찰서, 행정기관, 세무서, 언론기관 등 유신 독재의 손발 노릇을 하거나 입노릇을 하던 기관이었어. 또 시민들은 어떤 기관을 공격할지 어디로 갈지를 즉석에서 토론하면서 지혜를 모아서 행동했어. 이런 모습을 통해서 우리는 나라의 주인이 주인답게 살려면 어떻게 행동해야 하는지 배울 수 있지.

대통령이나 국회의원, 시장, 도지사 등은 국민을 위해 일하라고 뽑아 놓은 심부름꾼이야. 이런 사람들이 주인이 누군지를 잊어버리고 행동한다면 바로잡아야 해. 하물며 주인을 못살게 군다면 쫓아내야지. 정치뿐만 아니야. 기업이나 은행 등도 이윤을 얻기 위해 경제활동을 하지만 바로 그 이윤을 만들어 주는 노동자들을 함부로 대한다면 싸워서 바로잡아야 해. 또 소비자인 국민들을 만만히 보고 자기 이익만 챙긴다면 힘을 모아 바로잡아야지.

우리가 나라의 주인 노릇을 하려면 가장 중요한 것은 우리 자신들이 바르고 참된 마음을 가지고 주인답게 살아가는 일이야. 우리가 서로를 믿고 사랑하는 마음을 가지도록 노력해야 해. 서로 믿지 못하면 의심하게 되고 의심하면 다투게 되고 다투면 우리 모두가 불행하게 될 거야. 남을 미워하고 해치려고 거짓말을 하거나 퍼뜨린다면 이 사회는 혼란스러워질 거야. 자기의 욕심을 채우기 위해 남의 것을 탐내고 약한 사람들을 차별하거나 그들의 몫을 빼앗는다면 이 세상은 끔찍한 곳으로 변하겠지. 그런 틈을 타서 독재자가 나타나 이 사회의 질서를 바로잡겠다고 하면서 우리 모두를 노예로 만들 수도 있어.

또 우리가 사람과 세상을 바로 이해하고 옳고 그름을 판단하는 능력을 길러야 해. 가짜 뉴스, 거짓말이 너무 많이 떠돌아다니는 세상이라 다른 사람들의 의견을 넓게 듣되 항상 모든 일을 스스로 생각하고 독서하는 습관을 가져야 해.

| 맺음말 |

　우리는 항상 겸손하게 스스로의 행동을 되돌아보면서 바르고 참되게 살고 있는지 반성하는 삶을 살아야 해. 그럴 때 우리는 진정으로 민주공화국의 주인으로서 민주주의를 꽃피우고 행복해질 수 있단다.
　민주주의가 발전하면 우리가 서로 존중하고 사랑하면서 생각이 다르면 토론하고 설득하고 타협해서 뒤처지는 사람 없이 함께 행복하게 살 길을 찾아 나갈 수 있는 거야.
　그리고 우리가 함께 살아야 할 사람들은 대한민국 사람만이 아니야. 지구에 사는 모든 나라와 민족의 사람들, 이 세상의 모든 가난한 사람이나 약한 사람들과 함께 사는 지구촌을 만들어 가야 하는 거야.

우리나라에도 이제 많은 다문화가정이 있고 외국인 노동자들이 있지. 이들도 모두 존중받아야 하는 우리의 친구며 이웃이야. 학교에도 다문화가정의 친구들이 많이 있지. 모두 함께 도우며 살아야 해. 그들의 인권과 행복이 지켜지지 않으면 우리의 인권과 행복도 지킬 수 없어.

　코로나19가 지구촌을 덮치면서 우리 모두가 깨달은 것은 모두가 안전하지 않으면 아무도 안전할 수 없다는 사실이야. 마찬가지로 모두가 행복하지 않으면 아무도 행복할 수 없다는 진실을 깨우쳐야 해.

| 부록 |

한눈에 보는 부마민주항쟁과 민주화의 역사

1960년 3·15부정선거
자유당 정권, 제4대 정·부통령 선거에서 부정선거

1979년 10월 16일 오전 10시
부산대학교에서 부마민주항쟁 시작됨

1979년 10월 18일 새벽 0시
부산 일원에 계엄령 선포, 무자비한 폭력 진압으로 부상자 속출

1960년 4·19혁명
부정선거에 항의하는 전 국민의 항쟁 일어남, 자유당 정권 몰락

1979년 10월 18~19일
경남대에서 시작한 시위에 시민 가담, 도심 일대에서 격렬한 유신 반대 시위

1970년

1979년 10월 17일
부산 시민들의 대규모 유신 반대 시위, 언론사, 세무서, 파출소를 파괴

1961년 5·16군사쿠데타
박정희를 비롯한 군인들의 군사쿠데타로 군정 실시

1972년 '10월 유신' 쿠데타
박정희, 무력을 동원해 헌법 개정, 영구 집권 시도

1979년 10월 20일 정오
마산 및 창원 일원에 위수령 발동

1979년 10·26사태
김재규가 박정희 대통령 사살, 유신 체제 무너짐

2016년 10월~2017년 3월 촛불집회
국정 농단 진실 규명을 요구하는 전 국민적 촛불집회 열림, 3월 10일 박근혜 대통령 파면됨

1980년 5·18광주민주화운동
광주와 전남 일대에서 5·18항쟁 일어남, 전두환 일파의 계엄군이 시민 학살

1987년 1월 14일 박종철 군 사망 사건
서울대 학생 박종철 군이 경찰의 물고문으로 사망

1980년   2000년

1979년 12·12군사쿠데타
전두환과 정치군인 일파 군사 쿠데타로 실권 장악

1987년 6월항쟁
대통령 직선제 개헌과 민주화를 촉구하는 전 국민적인 민주항쟁 일어남

1987년 6·29선언 발표
전두환 정권, 전 국민적 저항에 굴복하여 대통령 직선제 개헌 등을 약속

왜 천천히 읽기를 해야 하는가?

'천천히 읽는 책'은 그동안 역사, 과학, 문학, 교육, 지리, 예술, 인물, 여행을 비롯해 다양한 주제와 소재를 다양한 방식으로 펴냈습니다. 왜 천천히 읽자고 하는지 궁금해하는 독자들이 있어서 몇 가지를 밝혀 둡니다.

- '천천히 읽는 책'은 말 그대로 독서 운동에서 '천천히 읽기'를 살리자는 마음을 담았습니다. 천천히 읽기는 '천천히 넓고 깊게 생각하면서 길게 읽자'는 독서 운동입니다.
- 독서 초기에는 쉽고 가벼운 책을 재미있게 읽을 수 있는 방법으로 시작해야겠지요. 그러나 독서에 계속 취미를 붙이기 위해서는 그 단계를 넘어서 책을 깊이 있게 긴 숨으로 읽는 즐거움을 느낄 수 있어야 합니다. 그래야 문해력이 발달합니다.
- 문해력이 발달하는 인지 발달 단계는 대체로 10세에서 15세 사이에 시작합니다. 음식을 천천히 씹으면서 맛을 음미하듯이 조금 어려운 책을 천천히 되씹어 읽으면서 지식을 넘어 새로운 지혜를 깨달을 수 있습니다.
- 독서 방법에는 다독, 정독, 심독이 있습니다. 천천히 읽기는 정독과 심독에서 꼭 필요한 독서 방법입니다. 빨리 많이 읽기는 지식을 엉성하게 쌓아 두기에 그칩니다. 지식을 내 것으로 소화하기 위해서는 정독이 필요하고, 지식을 넘어 지혜로 만들기 위해서는 심독이 필요합니다.
- 어린이들한테는 쉽고 가볍고 알록달록한 책만 주어야 한다고 생각하는 어른들이 있습니다. 그러나 독서력이 높은 아이들은 어렵고 딱딱한 책도 독서력이 낮은 어른들보다 잘 읽습니다. 그런 기쁨을 충족하지 못할 때 반대로 문해력도 발달하지 못하면서 책과 멀어지게 됩니다.

'천천히 읽는 책'은 독서력을 어느 정도 갖춘 10세 이상 어린이부터 청소년과 어른까지 읽는 책들입니다. 어린이, 청소년과 어른들(교사와 학부모)이 함께 천천히 읽으면서 이야기를 나눌 수 있는 읽기 자료가 되기를 바라는 마음에서 만들고 있습니다.